BESTSELLER

RIUS

Lástima de Cuba

DEBOLS!LLO

No-

Lástima de Cuba

Primera edición en Debolsillo: mayo, 2010

www.rhmx.com.mx

Comentarios sobre la edición y contenido de este libro a:
literaria@rhmx.com.mx

ISBN 978-607-429-972-4

Impreso en México / *Printed in Mexico*

WHO'S WHO

カストロ (CASTRO Fidel)

ノリエガ (NORIEGA Manuel Antonio)

オルテガ (ORTEGA Daniel)

[redacted]

→ la portada

LOS SIETE DOLORES DEL PUEBLO CUBANO

EMPLEADOS
IMPUESTOS.

Aquí lo tienen, señores;
es la víctima, el pagano,
el pobre mártir cubano
LIBORIO DE LOS DOLORES
Todo el que come jamón
y vive sin hacer nada
va clavándole una espada
en su noble corazón

***La Política Cómica*, 1910**

EL ORIGEN ORIGINAL DE LA PORTADA ES ← ESTE PROFÉTICO CARTÓN PUBLICADO EN CUBA EN 1910. OBRA DEL CARICATURISTA CUBANO RICARDO DE LA TORRIENTE, CREADOR DEL "LIBORIO". EL PERSONAJE QUE REPRESENTÓ POR MUCHO TIEMPO AL PUEBLO CUBANO. TOMÁNDOME UNA LICENCIA POÉTICA, RESULTÓ EL PERSONAJE REPRESENTATIVO DE LOS ÚLTIMOS 35 AÑOS. R.

RIUS Ovaciones
La Destilería del Ron Castillo, Dinamitada
Y TODO POR UNA CUBA LIBRE

¿Será Posible que Digan Salud?
¿ BRINDIS DE AÑO NUEVO CON "CUBA LIBRE"...?

Este fue un cartón profético. Publicado el 31 de diciembre de 1958 y hecho el 30, nadie suponía que Batista huyera en esa misma noche.

RIUS Ovaciones
LOS TENEMOS DOMINADOS ! CHICO
MUTIS

¡CRUZ, CRUZ, CASTRO RUZ !
C
U
B
A

VIVA CUBA
TERRITORIO LIBRE DE AMERICA

introducción.

Al triunfo de la guerrilla de Fidel y de los jóvenes cubanos del **26 de julio** y su guerrilla urbana, tenía yo 24 años de edad y una casi completa ignorancia política, pese a que llevaba ya cuatro años haciendo caricatura editorial en diarios y revistas.
← Por cierto, una docena de ellas fueron hechas en defensa de Fidel y su lucha...

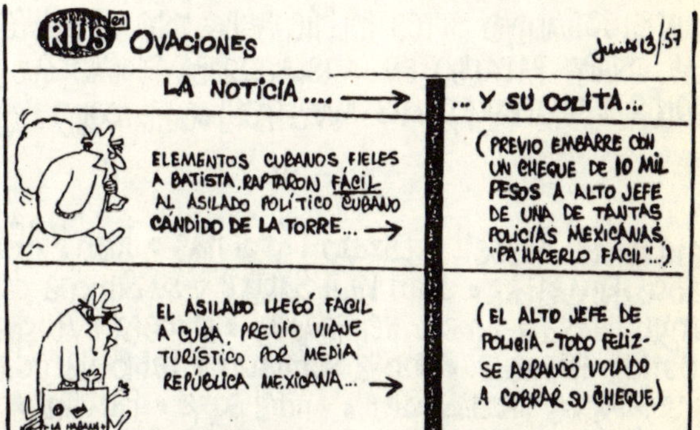
RIUS en OVACIONES
Junio 13/57
LA NOTICIA.... →
... Y SU COLITA...
ELEMENTOS CUBANOS FIELES A BATISTA, RAPTARON FÁCIL AL ASILADO POLÍTICO CUBANO CÁNDIDO DE LA TORRE... →
(PREVIO EMBARRE CON UN CHEQUE DE 10 MIL PESOS A ALTO JEFE DE UNA DE TANTAS POLICÍAS MEXICANAS, "PA' HACERLO FÁCIL"...)
EL ASILADO LLEGÓ FÁCIL A CUBA, PREVIO VIAJE TURÍSTICO POR MEDIA REPÚBLICA MEXICANA... →
LA HABANA
(EL ALTO JEFE DE POLICÍA - TODO FELIZ - SE ARRANCÓ VOLADO A COBRAR SU CHEQUE)
INDIGNADAS, LAS AUTORIDADES DE MÉXICO, FUERON A CUBA POR CÁNDIDO Y LO VOLVIERON A TRAER PA'CÁ... →
(INDIGNADÍSIMAS: EL CHEQUE RESULTÓ SIN FONDOS...!!!)

Bohem
EDICION DE LA LIBERTAD
HEROE NACIONAL
ESTA EDICION CONSTA DE 1.000.000
EXTRA REVOLUCION EXTRA
CUMPLIDA LA PROMESA DEL MONCADA
LEY DE REFORMA URBANA

ASÍ ENTUSIASMO SE COMIÓ A MI INEXPERIENCIA E INGENUIDAD POLÍTICAS. PERO ME SUMÉ AL ENTUSIASMO QUE LEVANTÓ EL JOVEN BARBUDO ENTRE LA INTELECTUALIDAD Y LOS POLÍTICOS DE TODO EL MUNDO. SI YO NO SABÍA QUÉ ESTABA PASANDO EN LA ISLA, ESTABA SEGURO QUE SÍ LO SABÍAN MIS ÍDOLOS EJEMPLARES, MIS MAESTROS, GENTE COMO... (¡AGÁRRENSE!)

↓

Bertrand Russell • Lázaro Cárdenas • Juan Rulfo • Hugh Thomas • José Revueltas • Jean Paul Sartre y su Simone de Beauvoir • Mario Vargas Llosa • Ernest Hemingway • el poeta Evtushenko • K.S. Karol • Carlos Fuentes • Jorge Semprún • Pablo Neruda • John Steinbeck • Hans Magnus Enzensberger • André Gorz • Pasolini • Susan Sontag • • Ángel Rama • Ernesto Cardenal • Cedric Belfrage • Alberto Moravia Vicente Rojo • Indalecio Prieto • Oski • Carlos Monsiváis • C. Wright Mills • Eduardo Galeano • Méndez Arceo • Cardoza y Aragón • Julio Cortázar • Oscar Lewis • Elenita Poniatowska • Tamara Deutscher • I. F. Stone • Rómulo Gallegos • M. Ángel Asturias • Claude Julien •

oski

• García Márquez • Juan Goytisolo • Ch. Bettelheim • Claude Roy • Juan Marsé • Fellini • Aimé Cesaire • Emir Rodríguez Monegal • Juan Bosch • Ernest Fischer • Octavio Paz • Cartier-Bresson • Siqueiros • Ezequiel Mtez. Estrada • Jean Effel • Nathalie Sarraute y cien más...

SIN OLVIDAR A LA GENTE MEXICANA CON QUIENES BEBÍA Y TRABAJABA:

• Mi compadre Vadillo • Rodrigo Moya • Óscar Chávez • Alberto Domingo • Froylán Manjarrez • Mario Gill • Juan de la Cabada • Héctor García • José de la Colina • Sol Arguedas • Juan Duch • Renato Leduc • Toño Caram • Victor Rico Galán • Carlos Mora • Jorge Carreño • Cristina Pacheco • Pareyón • Ram... Y LOS QUE SE ME OLVIDEN, TODOS VUELTOS LOCOS CON LA QUE PROMETÍA SER LA REVOLUCIÓN DE A DEVERAS... EL PAN CON LIBERTAD QUE SOÑARAN EMILIANO ZAPATA, JOSÉ MARTÍ Y FLORES MAGÓN (Y MARX).

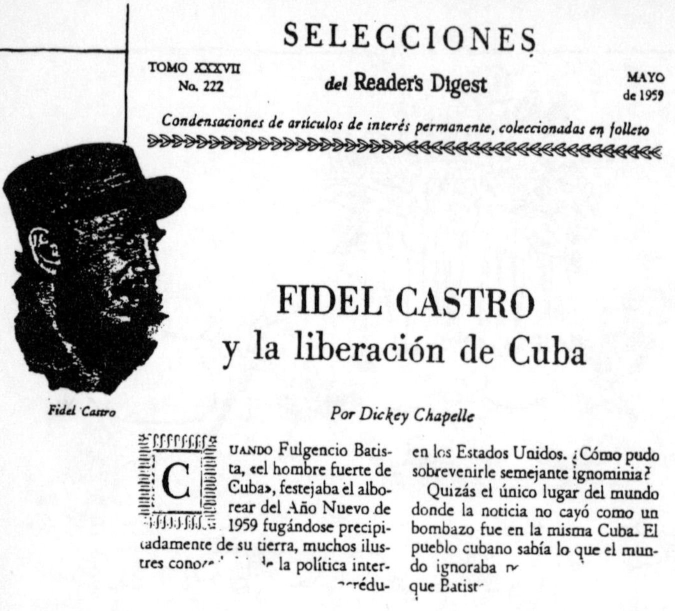

SELECCIONES

TOMO XXXVII
No. 222

del Reader's Digest

MAYO
de 1959

Condensaciones de artículos de interés permanente, coleccionadas en folleto

Fidel Castro

FIDEL CASTRO y la liberación de Cuba

Por Dickey Chapelle

CUANDO Fulgencio Batista, «el hombre fuerte de Cuba», festejaba el alborear del Año Nuevo de 1959 fugándose precipitadamente de su tierra, muchos ilustres cono[...] la política inter[...]crédu[...] en los Estados Unidos. ¿Cómo pudo sobrevenirle semejante ignominia?

Quizás el único lugar del mundo donde la noticia no cayó como un bombazo fue en la misma Cuba. El pueblo cubano sabía lo que el mundo ignoraba [...] que Batist[...]

HABíA TANTO ENTUSIASMO Y GANAS DE CREER EN FIDEL CASTRO Y SUS PROMESAS, QUE HASTA EL "SELECCIONES" SE FUE CON LA FINTA, AL IGUAL QUE LIFE, EL NEW YORK TIMES, ZABLUDOWSKY Y EL "SIEMPRE" DEL GÜERO PAGÉS... (DONDE EMPECÉ A COLABORAR APENAS EN 1960).

¡DILE A FIDEL QUE QUIERO HECHOS, NO PALABRAS..!
OEA

Don Pepe:
COMO TODOS SABEMOS, ESTADOS UNIDOS NO PERMITE QUE LLEGUEN A CUBA LAS REFACCIONES PARA LOS COCHES, MAQUINARIAS Y TODA CLASE DE ARTEFACTOS DE FABRICACIÓN AMERICANA QUE EXISTEN POR TODA LA ISLA A MILES...
SIN EMBARGO, TODOS LOS COCHES SIGUEN CORRIENDO...
TODAS LAS MÁQUINAS SIGUEN FUNCIONANDO
TODOS LOS ELEVADORES SIGUEN EN SERVICIO
TODOS LOS INGENIOS (HECHOS CUBANOS) TRABAJAN
NINGUNA FÁBRICA CON MAQUINARIA AMERICANA HA TENIDO QUE CERRAR POR FALTA DE REFACCIONES O REPUESTOS, CON TODO Y BLOQUEO (¿ UN MILAGRO DE S. MARTÍN de PORRES ?)
¿ QUÉ PASÓ?
cuando les empezaron a fallar las máquinas por falta de un tornillo especial
Se pusieron a fabricarlo a mano y a veces con madera...
luego tuvieron que inventar máquinas para hacerlos...
Y ahora están supliendo las máquinas y motores americanos con máquinas inventadas en Cuba, mejores y mil veces más baratas...
UN OBRERO ACABA DE INVENTAR LA MÁQUINA PARA HACER PELOTAS DE BEIS, CON PURAS PIEZAS DE BICICLETA...(CUBA YA PRODUCE DE TODO SIN PEDIRLE FIADO A LOS GRINGOS!)
PARA UNA COSA NO HAN TENIDO QUE INVENTAR NADA...
LAS CUBANAS SE SIGUEN FABRICANDO NORMALMENTE (AJÚA...!)
OIGA USTED: ¡Y NINGUNA LES SALE DEFECTUOSA..!!
Lo saluda:
RIUS. cuba. mayo del 63.

CUBA
LEY
NACIONALIZADAS 382
GRANDES EMPRESAS
NACIONALIZADOS
TAMBIEN LOS BANCOS
Hablara mañana al país el
Ministro Fidel Castro

ADEMÁS, LA APARICIÓN EN LA ESCENA POLÍTICA DE UN JOVEN RODEADO DE LA GLORIA DE HABER DERROTADO A UN EJÉRCITO ARMADO Y ASESORADO POR LOS ESTADOS UNIDOS (EL ENEMIGO NÚM. UNO DE NUESTRO CONTINENTE), SIGNIFICABA TODO PARA NUESTRA GENTE... ¡HASTA QUE ALGUIEN SE ATREVÍA POR FIN A PONÉRSELE AL BRINCO A LOS GRINGOS!

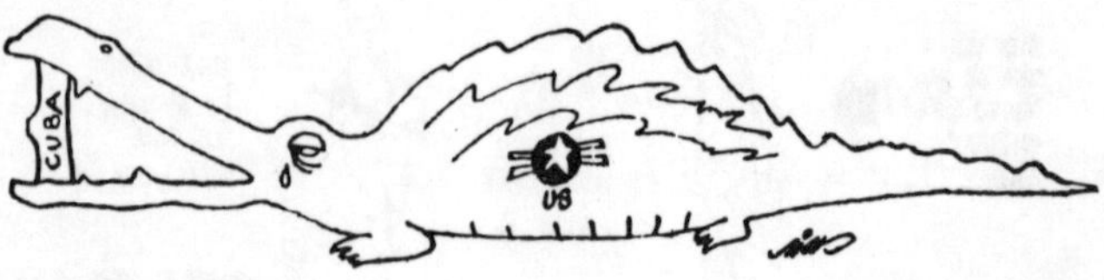
CUBA
US

¡DAVID CONTRA GOLIATH! ¡EL ROBIN HOOD HA RESUCITADO, COÑO!

"¡NO ME INTERESA EL PODER.. NO ME INTERESA NINGÚN PUESTO EN EL GOBIERNO..!"
(1958-a Karl Meyer)

NO HACÍA FALTA SER INTELECTUAL NI ESTAR MUY POLITIZADO PARA SIMPATIZAR CON EL HÉROE, JOVEN Y GUAPO -LO QUE SEA DE CADA QUIEN- PROCEDENTE DE UN PAÍS PEQUEÑO Y JACARANDOSO, QUE SE ATREVÍA A SACARLE LA LENGUA AL COLOSO DEL NORTE. YO CREO QUE ESO FUE LO QUE MÁS EMOCIONÓ A LA RAZA Y LA HIZO SIMPATIZAR CON EL PROCESO REVOLUCIONARIO CUBANO... Y CON SU LÍDER FIDEL.

TAMPOCO HACÍA FALTA SER ROJILLO IZQUIERDOSO, NI COMUNISTA, PARA APOYAR SU LUCHA... MÁXIME QUE ÉL EN REPETIDÍSIMAS OCASIONES HABÍA HABLADO PESTES Y CULEBRAS DEL COMUNISMO SOVIÉTICO Y PROMETIDO ELECCIONES LIBRES, Y RECIBIDO DINERO Y APOYO DE MILLONARIOS CUBANOS, Y BENDICIONES ECLESIÁSTICAS EN SU PELEA CONTRA EL TIRANUELO FULGENCIO (BATISTA).

DESGRACIADAMENTE PARA BATISTA, EN CUBA HABÍA MUY POCA GENTE DECENTE: LA MAYORÍA ERA PLEBE DE NEGROS INCULTOS, MUERTOS DE HAMBRE, FLOJOS Y RETRÓGRADAS, QUE NO ENTENDÍAN SUS MEDIDAS DEMOCRÁTICAS...
EN EL "MUNDO LIBRE", DECENTE SE DERIVA DE CENTAVOS.
PLEBE QUE COMENZÓ A PROTESTAR DIRIGIDA POR ESOS LOCOS QUE NUNCA FALTAN, MEDIO QUIJOTES Y MEDIO ROJOS..
IDEA
COMO ESE LÍDER ESTUDIANTIL, MIEMBRO DE LOS ORTODOXOS, EXALUMNO JESUITA, REBELDE Y GRITÓN: "EL LOCO FIDEL", A QUIEN NI LOS COMUNISTAS PODÍAN CONTROLAR...

CUBA PARA PRINCIPIANTES

TAN ME CLAVÉ CON CUBA, QUE TERMINÉ HACIENDO-SOLO-UN LIBRO QUE EL VIEJO PARTIDO COMUNISTA MEXICANO NOS HABÍA ENCARGADO A TRES PERIODISTAS: FROYLÁN MANJARREZ (textos), RODRIGO MOYA (fotos) Y YO (monos).

EL LIBRO, QUE TIENE 30 AÑOS DE EDAD Y VENTA, FUE ELABORADO CON TODA LA BUENA FE E IGNORANCIA EN MI PODER, CON LOS OJOS DE UN CONVERSO AL MARXISMO-STALINISMO DE ESOS AÑOS (Y PÉSIMO MILITANTE DEL PARTIDO) Y CON LA INFORMACIÓN, DATOS Y CIFRAS PROPORCIONADOS POR LOS CAMARADAS ROJILLOS DE LA OTRORA BELLA HABANA, CUBA... Y CON LO QUE YO CAPTABA EN LOS 3 VIAJES (1961, 63 Y 65).

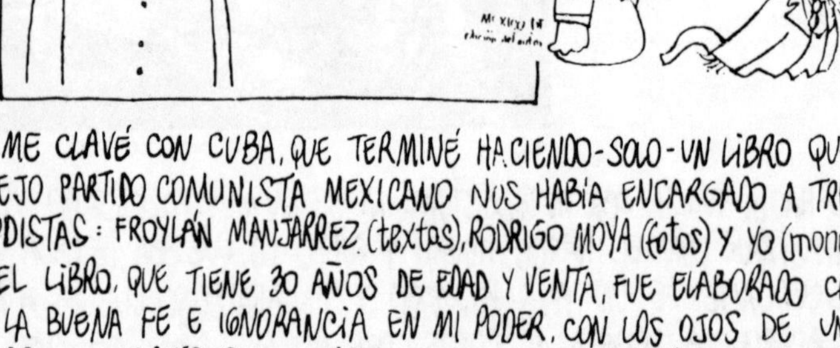
el lector debe comprender que el autor se sentía cubano y parte de la Revolución... y que hasta estuvo en un tris de cometer matrimonio con una hermosa periodista cubana.

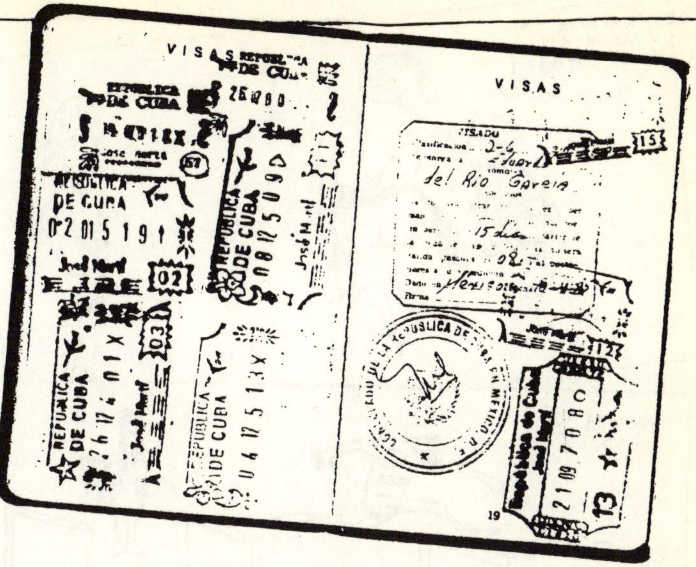
VISAS
REPUBLICA DE CUBA
VISAS
VISADO
del Rio Garcia
15 dias
REPUBLICA DE CUBA

EL LIBRO, ADEMÁS, AUNQUE EDITADO POR EL AUTOR, FUE IMPRESO EN MODESTA MÁQUINA COPIADORA DE **PRENSA LATINA** (AGENCIA CUBANA DE NOTICIAS MANEJADA EN MÉXICO POR EL PARTIDO COMUNISTA MEX.) Y, SIENDO YO MIEMBRO DEL MISMO, EL LIBRO PASÓ POR LA REVISIÓN IDEOLÓGICA DEL ENTONCES COMISARIO POLÍTICO, EL CAMARADA Y AMIGO MARIO GILL, Y DEL DIRECTOR DE P.L. EDMUNDO JARDÓN ARZATE.

EN CONSECUENCIA, **CUBA PARA PRINCIPIANTES** (TRADUCIDO A UN CHORRO DE IDIOMAS) FUE HECHO COMO UN LIBRO DE PROPAGANDA A FAVOR DE LA REVOLUCIÓN CUBANA, SIN NINGÚN OJO CRÍTICO, LLENO DE OPTIMISMO PERO LLENO DE OMISIONES, DATOS FALSOS, INFORMACIÓN INCOMPLETA, EXAGERACIONES DOGMÁTICAS Y APRECIACIONES INCORRECTAS O EQUIVOCADAS. EN SU TIEMPO, CREO QUE REFLEJÓ LA REALIDAD CUBANA (MÁS O MENOS), Y EL AUTOR SE DECLARA INOCENTE Y CONFIESA HABER ACTUADO EN CONSECUENCIA, INOCENTEMENTE...

¡YO NO SÉ QUÉ LE VES A ESA POBRETONA!
AMERICA LATINA
CUBA

CARRERA CON OBSTÁCULOS

POR LO DEMÁS, AUN CUANDO DEJÉ EL PARTIDO EN 1968, CONTINUÉ MANIFESTANDO CON CIENTOS DE CARTONES MI APOYO Y SIMPATÍA A CUBA Y SU REVOLUCIÓN, PERO INCONSCIENTE DE QUE ME ESTABA CONVIRTIENDO, COMO ARTHUR KOESTLER, EN UN **CÓMPLICE POR DESCUIDO**.

PUES, AUNQUE MANIFESTÉ MI DESACUERDO CON ALGUNOS DE LOS ERRORES Y METIDAS DE PATA DE FIDEL, Y LO HICE EN LA MISMA CUBA (ORALMENTE: ESCRIBIRLO O DIBUJARLO ALLÁ ES IMPOSIBLE), TARDÉ MUCHO EN CAER EN CUENTA (EN 1986) QUE ESOS DESACUERDOS DEBÍA MANIFESTARLOS EN MI TRABAJO COMO CARICATURISTA Y AUTOR... Y HACERLO EN MÉXICO.

→ LAS PRIMERAS MUESTRAS DE MI HEREJÍA SE ASOMARON EN LOS LIBROS SOBRE **TROTSKY** y **LA PERESTROIKA** (EN ESTE ÚLTIMO CON UN CAPÍTULO DEDICADO A CUBA Y LA AUSENCIA DE LIBERTAD DE PRENSA).

SUPLEMENTO DE APARICION SUBITA PERO CONSTANTE
coordinación, textos y diseño: magú
EL TATARANIETO
moneros de la jornada ahumada, el fisgón, helguera, luis fernando, rocha y magú
invitado especial: rius
lunes 26 de julio de 1993
DEL AHUIZOTE
segunda época SUPLEMENTO DE LA JORNADA
número 9
CUBA
PRIMER TERRITORIO LIBRE DE PERESTROIKA
TRIUNFARON CONTRA EL CONSUMISMO
YA NO CONSUMEN NADA!
GLASNOST Y PERESTROIKA PURAS IDEAS EXÓTICAS
SE ALQUILA PAIS
RIUS
CU
EL LARGO SEXENIO CARIBEÑO

OTRAS MANIFESTACIONES DE MI DESENCANTO CUBANO SE DEJARON VER EN **LA JORNADA**, HASTA LLEGAR AL DINAMITAZO DEL 26 DE JULIO DE 1993 DEL **Tataranieto del Ahuizote**, perpetrado en detrimento de Fidé por los protervos moneros AHUMADA, EL FISGÓN, HELGUERA, LUIS FERNANDO, ROCHA Y MAGÚ (y su servidor), QUE CAUSÓ ESTRAGOS EN LA IZQUIERDA.

SIN EMBARGO, ESOS BOMBAZOS QUE RESULTAN SER LOS CARTONES, DEJAN AL LECTOR SUMIDO EN LA CONFUSIÓN Y PREGUNTÁNDOSE MIL POR QUÉS, ENTRE OTROS EL MÁS IMPORTANTE A MI LEAL SABER Y ENTENDER, O SEA: → ¿Qué pasó con la Revolución cubana...?

MAGU
LUIS FERNANDO
¡CÓMO QUE NO HAY LIBERTÁ DE EXPRESIÓN, CHICO..!
SI TÚ QUIERE GRITAR ¡VIVA FIDEL! PUEDE HACERLO
PERESTROIKA
GLASNOST
¿QUEEE? CHICO, QUE ME HABLAS EN RUSO...

¿POR QUÉ WHY ESOS "FEROCES" ATAQUES AL PATRIARCA? ¿POR QUÉ CASI TODOS LOS PERSONAJES ANTES MENCIONADOS HAN DEJADO DE APOYAR A CASTRO? ¿POR QUÉ LOS PARTIDOS COMUNISTAS QUE AÚN SOBREVIVEN EN AMÉRICA NO HAN DICHO ESTA BOCA ES MÍA..? ¿POR QUÉ BUENA PARTE DE LA IZQUIERDA MUNDIAL SE MANIFIESTA AHORA CONTRARIA AL SUPER-COMANDANTE? ¿POR QUÉ SE SIGUE ESCAPANDO LA GENTE DESPUÉS DE MÁS DE 30 AÑOS DE "PROGRESO SOCIALISTA"? ¿POR QUÉ SIGUEN PIDIENDO ASILO LOS CONSENTIDOS DEL RÉGIMEN..? ¿POR QUÉ NO CESA EL BLOQUEO YANQUI..?

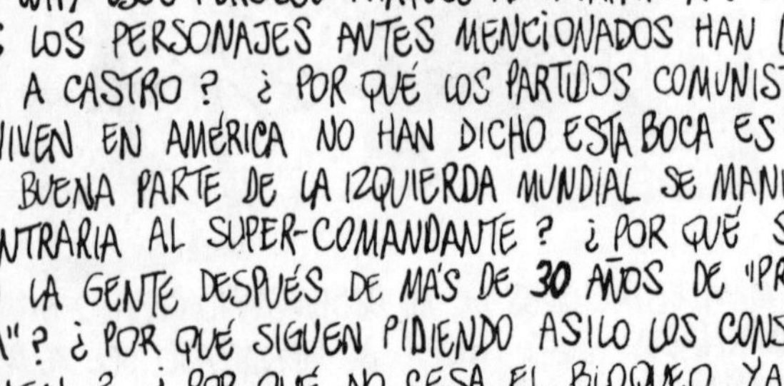
¿POR QUÉ NO SE DAN UN ABRAZO CASTRO Y CLINTON Y SANTO REMIENDO..?

NO LE DE' MA' VUELTAS CHICO... AQUÍ NO HAY MÁS RUTA QUE LA NUESTRA...
■ ROCHA
PCC

TODOS ESOS Y OTROS POR QUÉS SON CULPABLES DE ESTE NUEVO LIBRO CUBANO, EN EL QUE EL AUTOR TRATARÁ DE DAR RESPUESTAS CONVINCENTES A LAS DUDAS QUE MUCHA GENTE (INCLUYENDO LA GENTE CUBANA) TIENE SOBRE SU OTRORA RESPETADA REVOLUCIÓN.

EL AUTOR SE DECLARA PARTIDARIO EN LA ELABORACIÓN DE ESTE LIBRO, DE LO QUE ERNESTO GUEVARA (@) EL CHÉ LLAMÓ "LO MÁS REVOLUCIONARIO DEL MUNDO: LA **VERDAD**...*

EL AUTOR

P.D: * quizás por eso dicen que la verdad no peca, pero incomoda. VALE.

Al Estilo Rius
CUBA 1961
LOS PERIÓDICOS PUBLICAN TODOS LOS DÍAS NOTICIAS DE TODOS LOS FUSILAMIENTOS LLEVADOS A CABO EN "LA CABAÑA"
PAREDÓN PAREDÓN PAREDÓN
LA GENTE SE CONCRETA A IRLOS TACHANDO DE LAS LISTAS DE BATISTIANOS QUE ASESINARON A 20 MIL CUBANOS Y A ESPERAR QUE LOS QUE FALTAN LLEGUEN EN LA PRÓXIMA INVASIÓN...
Al Estilo Ri
CUBA 1961
CIENTOS DE GENTES HACEN COLA EN LA HABANA PARA SALIR DEL
LA GENTE LES LLAMA LOS "SIQUITRILLADOS" (LOS DESNUCADOS, DIRÍAN
LO CURIOSO DE ESTAS COLAS ES QUE NO HAY NI UNA GENTE POBRE EN FILA. TODAS SON PERSONAS ACOMODADAS Y DE RECURSOS (PURO POPIS)
LAS CASAS QUE ABANDONA ESTA GENTE SON UTILIZADAS PARA LA GENTE QUE NO TENÍA O PARA ESCUELAS, MUSEOS O SANATORIOS...
¡QUÉ HAGO CON LA MULATITA QUE TENÍAS DE CRIADA!
A MIAMI
LA HUÍDA DE ESTA GENTE LE RESUELVE TODO A FIDEL: CASA, COMIDA, EMPLEOS, OPOSICIÓN PUES ULTIMADAMENTE "ENTRE MENOS BURROS..."

EMBAJADA DE LA REPUBLICA DE CUBA
MEXICO, D. F.

A LAS AUTORIDADES MIGRATORIAS CUBANAS

Por medio de la presente ruego a las autoridades cubanas permitan la entrada y salida del dibujante de los periódicos "Ovaciones" y "Novedades", Sr. Eduardo del Río García, (Rius) que se acredita con la credencial No 674 de la Asociación Mexicana de Periodistas, ya que debido a la premura del tiempo no ha podido sacar su pasaporte de mexicano y ha recibido invitación especial de Cuba para formar parte de la misión periodística que parte para Cuba en esta fecha.

Mexico 21 de enero de 1959

DRA. TERESA CASUSO
Encargada de los asuntos de la Embajada

capítulo UNO

Quiero suponer que el lector de este nuevo libro cubano está más o menos enterado de la historia de Cuba (o que al menos conocen mi anterior "Cuba para principiantes"), de modo que ahorraré repetirle lo que hizo Colón, Martí, Maceo, Machado y etc.

La intención de este libro, más que nada, es buscarle una explicación lógica al fracaso de la revolución castrista y para ello lo mejor será comenzar con el primer gran fracaso de Fidel: el asalto del 26 de julio de 1953 al

VENCEREMOS
26
Ahora los de esta hora
MONCADA
26
Con todas las obras, los sueñ

ANTES DE COMENZAR, UN RECORDATORIO: LA HISTORIA LA ESCRIBEN SIEMPRE LOS VENCEDORES.
¡SOMOS LOS JÓVENES DEL CENTENARIO! ¡LUCHAREMOS POR NUESTROS MUERTOS Y POR EL FUTURO!
CONOCEMOS SÓLO LA HISTORIA OFICIAL DEL DESCUBRIMIENTO DE AMÉRICA, DE LA REVOLUCIÓN RUSA, DE LA REVOLUCIÓN MEXICANA, DE LA S.M. IGLESIA, DE LA GUERRA DEL GOLFO Y DE LOS TRIUNFOS DEL PRI...
Y TAMBIÉN CONOCEMOS LA HISTORIA OFICIAL DE LA REVOLUCIÓN CUBANA, ESCRITA POR LOS VENCEDORES.
(PERO OCURRE QUE DETRÁS DE LA OFICIAL, SIEMPRE HAY OTRA HISTORIA...)

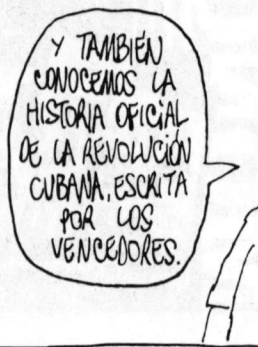

LA HISTORIA ME ABSOLVERA
1953 JULIO 1953
DISCURSO PRONUNCIADO POR EL
DR. FIDEL CASTRO
ANTE EL TRIBUNAL DE URGENCIA
DE SANTIAGO DE CUBA
EL DIA 16 DE OCTUBRE DE 1953
SEGÚN LA HISTORIA OFICIAL, EL ASALTO AL CUARTEL MONCADA FUE ¡¡UNA EPOPEYA. UNA GESTA HEROICA, UNA ACCIÓN REVOLUCIONARIA GLORIOSA Y SIN IGUAL!!
MAS DE 80 MUERTOS
Muchos de ellos sin identificar aún
ASALTADO "MONCADA"
48 MUERTOS Y 29 HERIDOS
La verdad histórica es que fue una gran estupidez, una locura de jóvenes desorientados influenciados por John Wayne y Superman.

RESULTA INCONCEBIBLE CÓMO LOGRÓ FIDEL CONVENCER A MÁS DE 100 JÓVENES DE ATACAR CON UNAS CUANTAS ESCOPETAS DE MATAR PATOS, UNA FORTALEZA MILITAR DEFENDIDA CON AMETRALLADORAS POR MIL SOLDADOS PROFESIONALES...
"La operación no durará más de DIEZ minutos. Dentro de pocas horas conoceremos la victoria o la derrota, pero cualquiera que sea el resultado, el movimiento triunfará." ¡Síganme los buenos..!
MUY POCOS CONOCÍAN LA CIUDAD DE SANTIAGO; NADIE CONOCÍA EL CUARTEL POR DENTRO; SÓLO 8 SABÍAN PARA QUÉ LOS HABÍA CITADO FIDEL EN SANTIAGO... Y AÚN ASÍ ACEPTARON PARTICIPAR EN LA LOCA AVENTURA QUE, OBVIAMENTE, TERMINÓ EN VIL FRACASO...
etc →

LA HISTORIA ME ABSOLVERÁ
DE TODOS LOS OBJETIVOS QUE FIDEL HABÍA IMAGINADO LOGRAR (HACERSE DE ARMAS, CONQUISTAR SANTIAGO, LLAMAR A LA REBELIÓN, HACERSE CONOCER) SÓLO LOGRÓ EL ÚLTIMO.
LLAMAR LA ATENCIÓN DEL MUNDO SOBRE EL JOVEN FIDEL CASTRO (Y SOBRE CUBA).
DISCURSO PRONUNCIADO POR EL
DR. FIDEL CASTRO
ANTE EL TRIBUNAL DE URGENCIA
DE SANTIAGO DE CUBA
EL DIA 16 DE OCTUBRE DE 1953
EL COSTO DE ESA PUBLICIDAD FUE TERRIBLE: DE LOS 83 PARTICIPANTES EN EL ASALTO, 51 FUERON ASESINADOS POR LAS TROPAS; Y SU FAMOSO ALEGATO (ESCRITO DESPUÉS EN EL PRESIDIO DE ISLA DE PINOS) SE VINO A CONOCER EN CUBA HASTA 1956. MUY POCA GENTE SE DIO CUENTA QUE EL TEXTO FINAL RECORDABA OTRO ALEGATO SIMILAR:
"ustedes nos pueden declarar culpables mil veces, pero la diosa del Tribunal eterno de la Historia sonreirá y hará pedazos la acusación del fiscal y la sentencia del tribunal... ¡Ella nos absolverá!" HITLER *
* de su defensa en Münich, acusado de intento de golpe de Estado. Junio 1924

(Por supuesto, no tratamos de comparar a Fidel con Adolfo...)
¡NO ENTIENDO CÓMO PUDO LA GENTE SEGUIR A ESE PAYASO!
¡TREMENDO PODER DE CONVENCIMIENTO, CABALLERO!
POR SUPUESTO, EN CUBA NADIE APLAUDIÓ LA LOCURA DEL MONCADA, PERO LE VINO A BATISTA COMO ANILLO AL DEDO PARA SUSPENDER LAS GARANTÍAS Y ESTABLECER LA REPRESIÓN COMO FORMA DE GOBIERNO, PROHIBIENDO LAS MANIFESTACIONES, CLAUSURANDO LA PRENSA DE IZQUIERDA Y OBLIGANDO A LA OPOSICIÓN A IRSE A LA CLANDESTINIDAD Y A LA VIOLENCIA...
¡O-KEY: MANO DURO CON LOS COMUNISTAS!
¿CUÁLES? ¡EL PARTIDO COMUNISTA ESTA DE MI LADO!
CURIOSO, PERO LOS COMUNISTAS CUBANOS ESTABAN CONTRA EL JOVEN FIDEL...

"Repudiamos el método del putsch típico de la fracción político-burguesa, empleado en el ataque a Santiago de Cuba y Bayamo, tentativa aventurera de apoderarse por la fuerza de estos 2 cuarteles militares. El heroísmo demostrado por los ahí participantes ES FALSO Y ESTÉRIL, guiado como lo ha sido por la errónea concepción burguesa." 28 de Julio de 1953.
BLAS ROCA
Srio. Gral del PSP*
* PSP: PARTIDO SOCIALISTA POPULAR (P. Comunista de Cuba).
CON LA MISMA COMBATIVIDAD
CON LA MISMA DECISION
CON LA MISMA DISCIPLINA
DE LOS HEROES DEL MONCADA
¿ES EL MISMO BLAS ROCA AL QUE PUSO LUEGO FIDEL AL FRENTE DE LOS SINDICATOS?
(para acabar con ellos junto con Lázaro Peña.)
SÍ, EL MISMO QUE DECLARÓ EN 1960:
" EL MONCADA FUE UNA ACCIÓN LLEVADA A CABO POR JÓVENES PARTISANOS, COMO UNA ACCIÓN REVOLUCIONARIA INSPIRADA EN SUS IDEAS REVOLUCIONARIAS."

OTRO COMUNISTA, JOAQUIN ORDOQUI, MIEMBRO PROMINENTE DEL PSP LANZÓ UNA BOLA DE SALIVA PEOR:
"Nosotros los comunistas no tenemos nada que ver con ese loco paranoico llamado Fidel Castro, ni con esa partida de niños bitongos, burgueses y de homosexuales que le siguen jugando a la revolución..."
(EN 1964, ORDOQUI FUE CONDENADO A 30 AÑOS DE CÁRCEL POR FIDEL, QUE TIENE UNA MEMORIA -DICEN- PRODIGIOSA...)
NO IMPORTA: LA HISTORIA ME ABSOLVERÁ... EN CUANTO YO LA ESCRIBA.
4914
(EN EL ATAQUE MURIERON 19 SOLDADOS).
FIDEL FUE JUZGADO Y CONDENADO A 15 AÑOS DE "TRABAJOS FORZADOS", QUE NUNCA LO FUERON. EL RESTO TUVO CONDENAS MUCHO MENORES, QUE PASARON EN LA CÓMODA PRISIÓN MODELO DE ISLA DE PINOS, ESTUDIANDO MARXISMO, JUGANDO PELOTA Y VOLLEY BALL, Y PREPARÁNDOSE FÍSICA E IDEOLÓGICAMENTE PARA SEGUIR DANDO GUERRA. (POR CIERTO FIDEL SE LEYÓ TODAS LAS OBRAS COMPLETAS DEL DUCE MUSSOLINI...)(ENTRE OTRAS)
Y A LOS 17 MESES BATISTA LOS PUSO EN LIBERTAD.

¡QUÉ PEDAZO DE TONTO ESE BATISTA! LUEGO SE ARREPINTIÓ DE HABERLE PERDONADO LA VIDA A FIDEL.
EN REALIDAD, BATISTA NO CONSIDERABA PELIGROSO A FIDEL, A QUIEN TENÍA CLASIFICADO (Y FICHADO) COMO "PISTOLERO ESTUDIANTIL"... Y TAN NO LO TOMABA EN CUENTA, QUE PERMITIÓ QUE ESCRIBIERA TREMENDOS ARTÍCULOS EN SU CONTRA EN "BOHEMIA" Y "LA CALLE"... SABIENDO QUE NADIE LE HACÍA CASO.
PESE A ESAS DECLARACIONES SUBVERSIVAS, → NADA LE PASÓ A FIDEL, QUE CON PASAPORTE Y VISA SE SALIÓ TAN TRANQUILO A MEXICO CITY...
¿AH, SÍ? PUES ME VOY A MÉXICO A ORGANIZARLE... ¡UNA INVASIÓN ARMADA, COÑO!

HASTA LA FECHA MUCHOS SE PREGUNTAN QUÉ MOVÍA A FIDEL A HACER LOCURAS COMO EL ATAQUE AL MONCADA, EN EL QUE LO ÚNICO QUE LOGRÓ FUE HACERSE PUBLICIDAD Y FORZAR UNA SITUACIÓN POLÍTICA PARA OBLIGAR A BATISTA A VOLVERSE DURO..
Y EMPEZAR A MATAR GENTE: ANTES DEL MONCADA BATISTA NO HABÍA MATADO A NADIE...
PARA ENTENDER MEJOR LAS FUTURAS ACCIONES DE FIDEL, HAY QUE VOLVER ATRÁS, AL PASADO DEL JOVEN ABOGADO, HIJO, NATURAL DE ÁNGEL CASTRO, GALLEGO TERRATENIENTE.. (dato para los psicólogos, conste..)
EDUCADO EN ESCUELAS PARA LA BURGUESÍA (de lasallistas y jesuitas), FIDEL ESTUDIÓ LUEGO ABOGACÍA.
EN LA UNIVERSIDAD DE LA HABANA, FIDEL SE VOLVIÓ PANDILLERO (PORRO, COMO LES DECIMOS EN MÉXICO) Y ESTUVO INVOLUCRADO EN LA MUERTE DE VARIOS ESTUDIANTES "RIVALES" EN EL CONTROL DE LA FEDERACIÓN ESTUDIANTIL (UN ABOGÁNGSTER, PUES...)

SUMARIO DE CARGOS :
Agosto de 1947/Fidel Castro es acusado del asesinato a tiros del estudiante Leonel Gómez.Quedó libre por falta de pruebas./ 22 de febrero de 1948:acusado de darle muerte a Manolo Castro,presidente de la FEU.Fidel quedó libre por falta de pruebas./ 6 de junio de 1948:acusado del asesinato del sargento Oscar Fernández Caral policía universitario y testigo del crimen anterior.Libre por falta de evidencias/Abril de 1949:Fidel Castro es detenido en la misma escena del tiroteo,acusado de matar a Justo Fuentes (FEU) y al chofer de güagüa,Miguel Sáez.Lo soltaron por falta de pruebas.

VEN ACÁ,CHICO ¿QUIÉN PROTEGE A BOLA DE CHURRE? *
¿A FIDÉ?, YO QUÉ SÉ. ¡ALGÚN POLITICÓN!

Manifestación estudiantil, 1952 * BOLA DE CHURRE = BOLA DE MUGRE (se bañaba poco..)

LAS PRUEBAS DE TODOS LOS JUICIOS CONTRA FIDEL FUERON RESCATADAS EN 1959 POR OSVALDO SÁNCHEZ (PSP), QUIEN MURIÓ MISTERIOSAMENTE EL 9 DE ENERO DE 1961. SE SUPONE QUE FUERON DESTRUIDAS.
COÑO: Y MI PAPÁ ERA AMIGO ÍNTIMO DE BATISTA.
ASÍ ES: EL SARGENTO BATISTA FUE PADRINO DE BAUTIZO DE UNA DE LAS HIJAS DE DON ÁNGEL.

LOS OTROS ARCHIVOS, DEL SIM Y EL BRAC (INTELIGENCIA MILITAR Y ACTIVIDADES ANTICOMUNISTAS) FUERON TAMBIÉN DESTRUIDOS EN 1959, SIENDO ENCARGADOS DE RESCATARLOS EL CAP. NÚÑEZ JIMÉNEZ Y EL CHE GUEVARA.

→En ellos constan -o constaban- todas estas "locuras" de Fidel:

SUMARIO DE ACTIVIDADES:

Septiembre de 1947: participación de Fidel en la frustrada invasión armada contra Trujillo, en Cayo Confites/ 27 de marzo al 16 de abril de 1948: participación activa de Fidel en el BOGOTAZO. (la muerte de Eliecer Gaytán, candidato al gobierno de Colombia) Julio de 1952: F.Castro Ruz viaja a México con pasaporte falso a nombre de Federico Castillo Ramírez/26 de julio de 1953: Fidel Castro encabeza el intento de tomar el cuartel Moncada. Tras el juicio, es condenado a 15 años de prisión. Liberado, viaja a México el 7 de julio de 1955. Su padre le costea el viaje en avión.

(MÁS SU PARTICIPACIÓN EN 18 MÍTINES ANTIGOBIERNISTAS Y LA AUTORÍA DE OTROS TANTOS ESCRITOS "CALUMNIOSOS" CONTRA EL PRESIDENTE BATISTA...)

SIN EMBARGO, A FALTA DE ARCHIVOS, CONTAMOS CON INNUMERABLES TESTIMONIOS DE SUS PARIENTES, MAESTROS, CONDISCÍPULOS, AMIGOS Y COMPAÑEROS DE AVENTURAS, QUIENES HAN HECHO UN RETRATO HABLADO DEL CARÁCTER DE FIDEL:
Describidme, no importa: la Historia (CLÍNICA) me absolverá...
"UN HOMBRE APASIONADO, CÍNICO, NADA CARIÑOSO, AUDAZ Y EMPRENDEDOR. UN CARÁCTER MUY EXPLOSIVO, UN TRIUNFADOR, ARROGANTE Y DESEOSO DE SOBRESALIR Y FIGURAR, TENAZ Y OBSESIONADO. UN GRAN ACTOR, UN EGOMANIACO EMOCIONALMENTE INESTABLE. UN PERFECCIONISTA INCAPAZ DE ESTARSE QUIETO..."

DOS PERSONAJES DE LA POLÍTICA CUBANA QUE LO TRATARON EN ESOS AÑOS - PRÍO SOCARRÁS, EX-PRESIDENTE, QUE LO AYUDÓ ECONÓMICAMENTE EN LA LUCHA GUERRILLERA, Y EDDY CHIBÁS, FUNDADOR DE LOS ORTODOXOS Y OPOSITOR A PRÍO - DESCRIBIERON ASÍ AL JOVEN CASTRO:
"castro es un gran actor, un tira-tiros."
"Fidel castro es un oportunista, un gángster revolucionario."
Y MÁRQUEZ STERLING, UNA FIGURA EN LA HISTORIA DE CUBA, ADVIRTIÓ SERIAMENTE:
"castro sería 10 veces peor que Batista."
Y PARA LOS COMUNISTAS CUBANOS, SUS FUTUROS ALIADOS:
"Fidel castro es un aventurero, un pistolero sin ninguna ideología."
¿MADURÓ CASTRO EN LA PRISIÓN, COMO PARA MEJORAR SU IMAGEN DE HOMBRE de ACCIÓN?

GRANMA:
fragua de las FAR
35 Aniversario de la salida y el Desembarco del GRANMA y de la Fundación de las FAR
¿LE QUITARÁN LO LOCO ALLÁ EN MÉXICO?
SE DUDA SERIAMENTE QUE LA PRISIÓN O EL EXILIO HAYAN MADURADO AL IMPETUOSO Y CALCULADOR FIDEL ALEJANDRO... TRAS EL FRACASO DEL MONCADA, PREPARÓ A CONCIENCIA SU SIGUIENTE FRACASO:
EL
Granma
EL YATE, NO EL PERIÓDICO. (AUNQUE TAMBIÉN ÉSTE ES UN FRACASO.)

EN MI ANTERIOR LIBRO PEQUÉ DE ESCUETO DEDICÁNDOLE 3 RENGLONES AL EXILIO MEXICANO ÚNICAMENTE.
EN MÉXICO REORGANIZARON EL GRUPO, JUNTARON DINERO, SE ENTRENARON A CONCIENCIA Y EL 24 DE NOVIEMBRE DE 1956, EN UN BARQUITO CASI DE JUGUETE, SALIERON DE TUXPAN, VERACRUZ, 82 LOCOS -CON FIDEL AL FRENTE- DISPUESTOS A INVADIR CUBA...
(EN MÉXICO SE LES HABÍA UNIDO UN JOVEN MÉDICO ARGENTINO, ERNESTO GUEVARA, A QUIEN LOS CUBANOS BAUTIZARON COMO "EL CHE".
ORIENTE
YUCATAN
el plan de Fidel era llegar a Cuba el día 30, en que habían organizado un levantamiento en Santiago las gentes del Movimiento 26 de Julio, tomar Manzanillo y controlar así la provincia de Oriente.
y pasaron muchas cosas que influirían más adelante en el curso de la Revolución cubana.
COMO POR EJEMPLO, ¿QUIÉN O QUIÉNES PUSIERON DINERO PARA FINANCIAR LA INVASIÓN? (Y LA ESTANCIA EN MÉXICO DE 30 CUBANOS?)
¡ESO! PORQUE NO TENÍAN TODAVÍA ACCESO AL ORO DE MOSCÚ.
HAY QUE DECIR QUE LOS EXILIADOS CUBANOS VIVÍAN LIMITADÍSIMOS DE DINERO, GORREANDO COMIDA Y ALOJAMIENTO CON OTROS CUBANOS CON MEJOR POSICIÓN ECONÓMICA O CON MEXICANOS DE IZQUIERDA QUE LOS AYUDABAN A NO MORIRSE DE HAMBRE ANTES DE TIEMPO...

PERO → ¿QUIÉNES FINANCIARON LO MÁS GORDO DE LA PROYECTADA INVASIÓN? ¿DE DÓNDE SALIÓ LA PLATA PARA LA PROPAGANDA, LAS ARMAS, LOS VIAJES A USA Y EL YATE GRANMA..? ¿QUIÉN SACÓ DE LA CÁRCEL A LOS CONSPIRADORES?

La flecha negra señala a Fidel, la blanca al Che, detenidos en la cárcel de Gobernación en el DF. El resto son Ramiro Valdés, Raul Vega, Universo Sánchez, Cándido Glez., Calixto García, Aguedo Aguiar Jimmy Hutzel, Electo Pedroza, Celso Maraboto, Ciro Redondo, Arturo Chaumont, Julio Díaz, Guillén Zelaya, Rolando Santana, Félix Aguiar, Oscar Rodríguez, Eduardo Roig, Alberto Bayo jr., Horacio Rodríguez, Victor Trapote, Rolando Santana, Reynaldo Benítez y Ma. Antonia Glez. 4 de junio de 1956.

AQUÍ APRENDIÓ FIDEL QUE EN MÉXICO SE INVENTÓ LA MORDIDA, Y QUE FUNCIONA MEJOR EN DÓLARES.
EJEM, PERO... ¿DE DÓNDE SALIÓ EL BILLETE VERDE PARA, EJEM, LA MORDIDA A GOBERNACIÓN?

EL BILLETE GRANDE LLEGÓ DE MANOS DE LA TAN ODIADA POR FIDEL CLASE BURGUESA:

PUES SÍ: FIDEL NOS HA PROMETIDO UN GOBIERNO MUY DEMOCRÁTICO Y ANTICOMUNISTA
Y QUE NO VA A TOCAR NUESTRAS SACROSANTAS PROPIEDADES.

Principales padrinos de Fidel:

RAUL PRÍO SOCARRÁS (sólo en 1956 soltó 100 mil dlls.)
JUSTO CARRILLO (EX-presidente del BID)
RÓMULO BETANCOURT (EX-Presidente de Venezuela)
LÓPEZ VILABOY (dueño de Cubana de Aviación)
RAFAEL BILBO (millonario cubano)
ING. ALFONSO GUTIÉRREZ (millonario mexicano)
(Y se dice que también mi GRAL. LÁZARO CÁRDENAS...)

COMO DE COSTUMBRE, LA EXPEDICIÓN INVASORA QUE ORGANIZÓ FIDEL - AL IGUAL QUE EL MONCADA - FUE UN VERDADERO DESASTRE ...¡ UN FRACASO TOTAL !

ate Granma realiza su ultima travesia, en enero de 1974, antes que lo alistaran para dejarlo expuesto en el Memorial

ENAMORADO DE LA PUBLICIDAD, FIDEL ANUNCIÓ LA LLEGADA A CUBA CON HORA Y FECHA, EN UN YATE DONDE MÁXIMO CABÍAN 30 PERSONAS, EN PLENA TEMPORADA DE NORTES, CON LAS TROPAS DE BATISTA ESPERÁNDOLOS CON LOS BRAZOS ABIERTOS... Y DEBIDO AL RETRASO (¡LA PUNTUALIDAD LATINA!) SE DESCOORDINARON CON EL LEVANTAMIENTO ARMADO DE FRANK PAÍS EN SANTIAGO DE CUBA, SOFOCADO A SANGRE & FUEGO.

OTRA VEZ, EL DESMEDIDO ENTUSIASMO E IMPREVISIÓN HACIAN DE LAS SUYAS: DE 82 EXPEDICIONARIOS QUE SALIERON DE TUXPAN, VER. 21 MURIERON. 22 FUERON PRESOS, 18 DESAPARECIERON, Y SÓLO LLEGARON A LA SIERRA 21...
AHUMADA
No te apures, hasta dentro de 34 años va empezar hacer agua.
GRANMA
ACUÉRDENSE: PELEAMOS PARA QUE YA NUNCA TENGAMOS GOBIERNOS AUTORITARIOS
¿NO QUE 12?
LUIS FERNANDO
(COMO PARTE DEL MITO DE LA SIERRA, FIDEL INVENTÓ ESO DE "LOS DOCE"-POR LOS 12 APÓSTOLES-PERO EN REALIDAD FUERON 21 SOBREVIVIENTES). A SABER:
1- FIDEL 2- EL CHE 3- UNIVERSO 4- RAÚL 5- CIRO REDONDO 6- EFIGENIO A-
7- ALMEIDA 8- LUIS CRESPO 9- ARMANDO RODRÍGUEZ 10- CHAO 11- CAMILO R-
12- FAUSTINO 13- RAMIRO VALDÉS 14- RENÉ RODRÍGUEZ- 15- JULIO DÍAZ
16- CALIXTO MORALES 17- PANCHO GLEZ. 18- BENÍTEZ 19- CALIXTO GARCÍA
20- CARLOS BERMÚDEZ 21- GALLEGO MORÁN

¡FIDEL CASTRO HA MUERTO!
declaró Batista a la prensa.

¡QUÉ VA! FIDEL, CON MÁS VIDAS QUE UN GATO, HABÍA LOGRADO SALVARSE ESCONDIDO EN UN CAÑAVERAL JUNTO CON 2 MÁS.

OTROS CUATRO HABÍAN HECHO LO MISMO, Y CUANDO SE REUNIERON, FIDEL PREGUNTÓ SI YA ESTABAN EN LA SIERRA MAESTRA. "SÍ", LE CONTESTARON. Y FIDEL REPUSO: "¡LOS DÍAS DE LA DICTADURA ESTÁN CONTADOS!" RENÉ RODRÍGUEZ LO MIRÓ CON ESTUPOR. "ESTE HOMBRE ESTÁ LOCO", PENSÓ PARA SÍ. "DESPUÉS DE TODO LO QUE HABÍA SUCEDIDO, FIDEL NOS DECÍA QUE LOS DÍAS DE LA DICTADURA ESTABAN CONTADOS!!"

René Rodríguez / TESTIMONIO A P. SWEEZY.

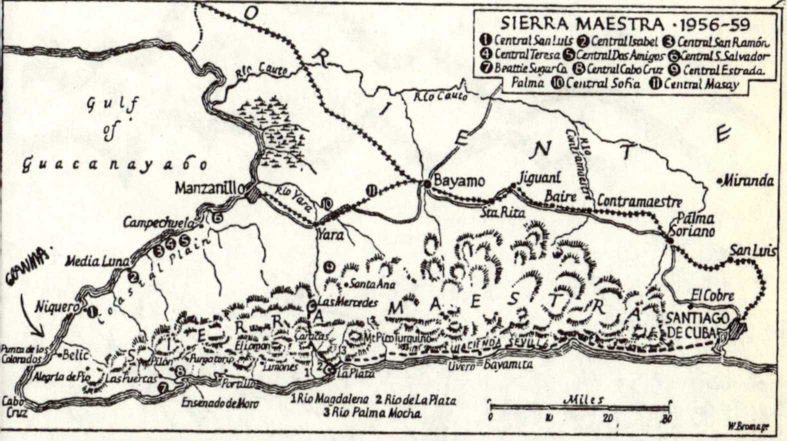
SIERRA MAESTRA · 1956-59
1 Central San Luis 2 Central Isabel 3 Central San Ramón
4 Central Teresa 5 Central Dos Amigos 6 Central S. Salvador
7 Beattie Sugar Co. 8 Central Cabo Cruz 9 Central Estrada Palma 10 Central Sofia 11 Central Masay
ORIENTE
Gulf of Guacanayabo
Río Cauto
Manzanillo
Río Yara
Yara
Bayamo
Jiguaní
Baire
Contramaestre
Río Contramaestre
Sta. Rita
Palma Soriano
Miranda
San Luis
El Cobre
SANTIAGO DE CUBA
Campechuela
Media Luna
Coastal Plain
GRANMA
Niquero
Punta de los Colorados
Belic
Alegría de Pío
Las Fuercas
Pilón
Purgatorio
El Lomón
Limones
Caracas
Las Mercedes
Santa Ana
SIERRA MAESTRA
Mt. Pico Turquino
La Plata
Uvero
Bayamita
Portillo
Ensenado de Moro
Cabo Cruz
1 Río Magdalena 2 Río de La Plata
3 Río Palma Mocha
Miles
0 10 20 30
W. Bromage

----- RECORRIDO DEL AUTOR EN 1963 EN COMPAÑÍA DE GUSTAVO ROCA, EXILIADO AHORA. (DE LAS MERCEDES A LA PLATA A PIE. DE AHÍ A SANTIAGO EN JEEP SOVIÉTICO COLECTIVO.)

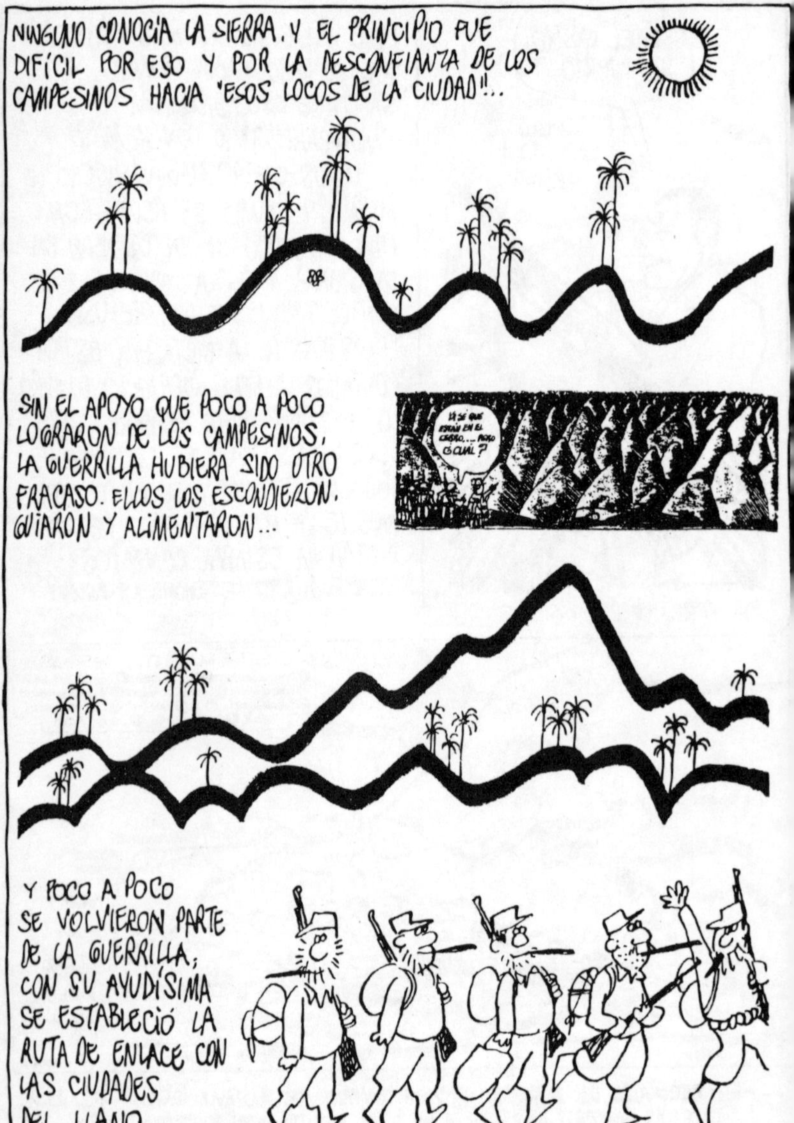
NINGUNO CONOCÍA LA SIERRA. Y EL PRINCIPIO FUE DIFÍCIL POR ESO Y POR LA DESCONFIANZA DE LOS CAMPESINOS HACIA "ESOS LOCOS DE LA CIUDAD"!...
SIN EL APOYO QUE POCO A POCO LOGRARON DE LOS CAMPESINOS, LA GUERRILLA HUBIERA SIDO OTRO FRACASO. ELLOS LOS ESCONDIERON, GUIARON Y ALIMENTARON...
YA SÉ QUE ESTÁN EN EL CERRO.... PERO ¿CUÁL?
Y POCO A POCO SE VOLVIERON PARTE DE LA GUERRILLA; CON SU AYUDÍSIMA SE ESTABLECIÓ LA RUTA DE ENLACE CON LAS CIUDADES DEL LLANO...

EN CUANTO A LAS ARMAS (PERDIDAS CASI TODAS EN EL GRANMA), OPTARON POR NOMBRAR A BATISTA JEFE DE INTENDENCIA: SE LAS QUITABAN A LAS TROPAS BATISTIANAS, QUE NO TENÍAN MUCHAS GANAS DE PELEAR...
AL PASO DE LOS MESES, LA SIERRA SE CONVIRTIÓ EN TERRITORIO LIBRE Y FUE LLENÁNDOSE DE "COMODIDADES" (PANADERÍA, TALLERES DE HERRERÍA, BIBLIOTECA, HOSPITAL, ESCUELA, RADIODIFUSORA Y HASTA CAPILLA). MUCHOS PERIODISTAS SUBIERON Y BAJARON (GRINGOS CASI TODOS) Y EN UN RAPTO DE BORRACHERA, HASTA ERROL FLYNN LLEGÓ A OFRECERSE DE VOLUNTARIO...
LOS ÚNICOS QUE NO PODÍAN LLEGAR ERAN LOS GENERALES DE BATISTA, IGNORANTES DE LA GUERRA DE GUERRILLAS Y TEMEROSOS DE MORIR EN DEFENSA DE SU IMPOPULAR Y CORRUPTO PRESIDENTE...

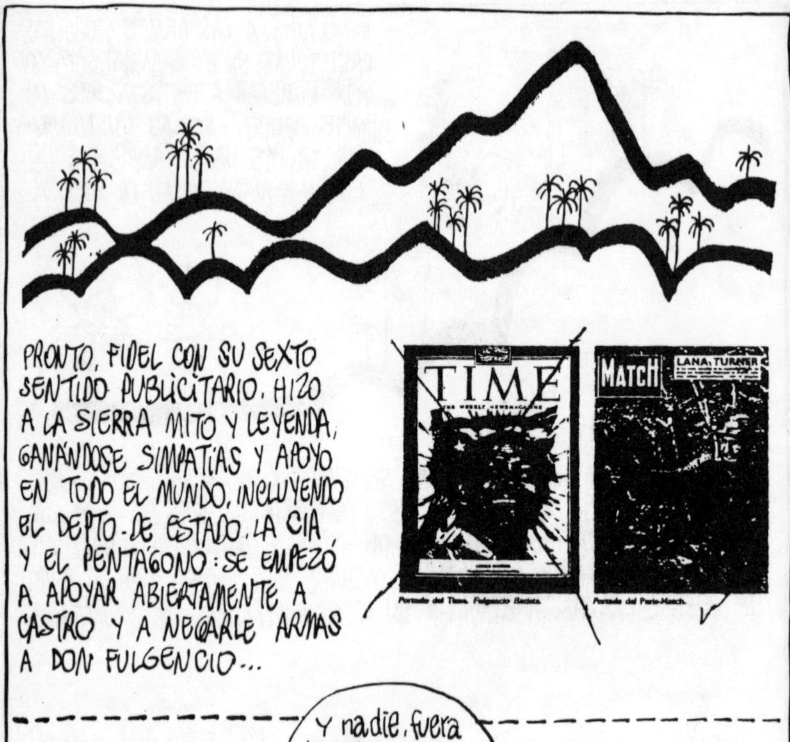
PRONTO, FIDEL CON SU SEXTO SENTIDO PUBLICITARIO, HIZO A LA SIERRA MITO Y LEYENDA, GANÁNDOSE SIMPATÍAS Y APOYO EN TODO EL MUNDO, INCLUYENDO EL DEPTO. DE ESTADO, LA CIA Y EL PENTÁGONO: SE EMPEZÓ A APOYAR ABIERTAMENTE A CASTRO Y A NEGARLE ARMAS A DON FULGENCIO...
TIME
THE WEEKLY NEWSMAGAZINE
MATCH
LANA TURNER
Portada del Time. Fulgencio Batista.
Portada del Paris-Match.
Y nadie, fuera de Cuba, parecía darse cuenta de la verdadera lucha contra Batista, la de la GUERRILLA URBANA.
A ESTOS LOCOS SÍ LOS TENGO A TIRO DE PISTOLA.

D.R.
EN 1955, JOSÉ ANTONIO ECHEVARRÍA, LÍDER ESTUDIANTIL UNIVERSITARIO, CREÓ EL DIRECTORIO REVOLUCIONARIO (SIN NEXOS CON FIDEL), UN GRUPO SECRETO ANTICOMUNISTA Y NACIONALISTA, PARA COMBATIR A BATISTA CON LAS ARMAS. (Y CATÓLICO.)
EN MÉXICO, EN 1956, FIRMÉ UN PACTO CON FIDEL PARA TRABAJAR JUNTOS EL D.R. y EL M-26. PERO SIN UNIRNOS CON LOS COMUNISTAS CUBANOS.
CASI TODOS ESTUDIANTES (Y ALGUNOS OBREROS), LOS JÓVENES DEL D.R. SE DEDICARON AL SABOTAJE, ASALTOS A BANCOS, SECUESTROS, COLOCACIÓN DE BOMBAS A DOMICILIO, PINTAS, ENFRENTAMIENTOS CON LA TEMIBLE POLICÍA Y TODO LO RELACIONADO CON EL RAMO DE LA GUERRILLA URBANA. EL ACTO REVOLUCIONARIO MÁS ESPECTACULAR Y VALEROSO FUE EL INTENTO FALLIDO DE LA TOMA DEL PALACIO Y MUERTE DE DON FULGENCIO BATISTA.
Pero los que murieron fueron los asaltantes (38) y el propio Echevarría.

CURIOSAMENTE, FIDEL COINCIDIÓ CON LOS COMUNISTAS, CONDENANDO EL ATAQUE...
"UN INÚTIL DERRAMAMIENTO DE SANGRE"... (POR FORTUNA NO TUVO ÉXITO O ME HUBIERAN QUITADO MI TRABAJO...)
LOS COMUNISTAS SE PORTARON PEOR. DENUNCIANDO A LA POLICÍA EL ESCONDITE DE 4 SOBREVIVIENTES DEL ASALTO EN UN DEPARTAMENTO DE LA CALLE HUMBOLDT → Fructuoso Rodríguez/José Machado/Joe Westbrook/J. Pedro Carbó
3099
4140
7908
7917
1400
1391
EL SOPLÓN, MARCOS RODRÍGUEZ, FUE DESCUBIERTO HASTA 1964.
←(PESE A QUE EL PSP LO SABÍA.) MARQUITOS FUE JUZGADO Y CONDENADO A MUERTE. OTROS SOPLONES DEL PSP AL SERVICIO DE BATISTA SIGUEN VIVOS Y AL SERVICIO DE LA REVOLUCIÓN...

LA HISTORIA OFICIAL HA DICHO SIEMPRE QUE EN LA LUCHA CONTRA BATISTA MURIERON 20 MIL CUBANOS ("LA MAYORÍA EN LOS COMBATES CONTRA LAS TROPAS").
LA CIFRA RESULTÓ SER UNA FALSEDAD PUBLICITARIA, UNA MÁS DE LAS MENTIRAS A QUE ES TAN AFECTO FIDEL PINOCHO...
CONTANDO DESDE EL MONCADA, LA GUERRA CONTRA BATISTA DIO EN TOTAL
1028
MUERTOS...
Y MURIERON MÁS EN LAS CIUDADES
751
QUE EN LA SIERRA
215
DUCHO
SUS PERRERIAS
Coca Cola
BSS.... BSS...
LA COCA-COLA LE HACE EL JUEGO A LA TIRANÍA Y ECHA A A CALLE A LOS OBREROS DIGNOS Y PROGRESISTAS. ¡¡BOICOTÉALA!! NI UN NÍQUEL MÁS PARA LOS YANQUIS DE LA COCA COLA!
LAURA/
VOLANTE DE 1958

BUENO, LUEGO DISCUTEN: LA COSA MÁ' GRANDE, CHICO, É QUE EN LA MADRUGÁ' DEL 1º DE ENERO DE 1959, ER TIRANO BATISTA HUYÓ CON DESTINO A CIUDÁ' TRUJILLO !!
ESTADOS UNIDOS LE NEGÓ ASILO !!
NO QUEREMOS DEMERITAR LA LUCHA DE LOS BARBUDOS EN LA SIERRA, SINO ACLARAR QUE EN LA LUCHA CONTRA BATISTA PARTICIPARON EN FORMA MUY IMPORTANTE EL DIRECTORIO REVOLUCIONARIO, ALGUNOS SINDICATOS, EL M-26 URBANO, EL EXILIO CUBANO DE MIAMI Y NEW YORK, ORGANIZACIONES CATÓLICAS, EL PARTIDO ORTODOXO, LA MASONERIA Y LOS GUERRILLEROS NO-FIDELISTAS DEL 2º FRENTE DEL ESCAMBRAY, ENTRE OTROS.
Pero a la hora del reparto del pastel, la mayor tajada se la llevó Fidel...
...y los que menos habian metido, fueron los que más sacaron: ¡LOS COMUNISTAS!
CUBA
¿Por qué?

ESO É LO QUE YO MISMO QUISIERA SABEL: ¿POR QUÉ ENTREGÓ FIDEL A CUBA A LO RUSOS...?
¿POR QUÉ LLAMÓ A SU GOBIERNO A LOS COMUNISTAS CUBANOS. QUE TAN DESACREDITADOS ESTABAN A LOS OJOS DEL PUEBLO?
chico: eso mismo quisiera yo saber...¿Por qué cometí hace 35 años tamaña burrada?
Quijas 92

EL 9 DE ENERO DE 1959 FIDEL Y SUS TROPAS ENTRAN A LA HABANA. TRAS 8 DÍAS DE TRIUNFAL RECORRIDO DESDE SANTIAGO DE CUBA.
PERO DESDE EL 3, EL CHE, CAMILO Y RAÚL TOMAN LOS CUARTELES, LAS PRISIONES Y LA POLICÍA DE LA CIUDAD.
¡AHORA EMPIEZA LO MÁS DIFÍCIL, CABALLERO!
¡GANAMOS LA GUERRA, FIDEL!
SÍ: AHORA EMPIEZA LA REVOLUCIÓN...
(A VER DE A CÓMO NOS TOCA...)
PUNTO CLAVE PARA COMPRENDER LA REVOLUCIÓN CUBANA Y SU DESVIACIÓN HACIA MOSCÚ, ES DESENTRAÑAR EL MISTERIO DE LOS COMUNISTAS CUBANOS DEL PSP, QUE HASTA 1959 NO ESTABAN EN EL LIBRETO Y QUE A PARTIR DE ESE AÑO AGARRARON CHAMBA...

capítulo 2 (dos)

LA COMEDIA DE LAS EQUIVOCACIONES

o de
cómo los
marxistas-stalinistas
se equivocaron creyendo que
Fidel era marxista-leninista
y de cómo
los cubanos
se equivocaron creyendo que
Fidel era anti-comunista, y
de cómo
Fidel
se equivocó creyendo que los
soviéticos eran socialistas
y de cómo
los soviéticos se equivocaron
creyendo q. Fidel era fiable.

...Y SUJETO DE CRÉDITO

Como aquellos hombres
PRESENTES CON NUESTROS HIMNOS
CON NUESTRA BANDERA DE SIEMPRE.
Remember: LA HISTORIA ABSOLVERÁ... A QUIENES LA ESCRIBEN...
SI JULIO ANTONIO MELLA, HÉROE DE TINISSIMA Y FUNDADOR DEL PARTIDO COMUNISTA CUBANO, HUBIERA ESCRITO LA HISTORIA DE SU VIDA Y MUERTE, EN SUS PÁGINAS DIRÍA QUE FUE ASESINADO POR ÓRDENES DE LA KGB SOVIÉTICA Y NO POR ÓRDENES DE MACHADO, EN LA CALLE ABRAHAM GONZÁLEZ DE LA CIUDAD DE MÉXICO...
Y QUE EN FEBRERO DE 1926 SE LE EXPULSÓ DEL PARTIDO Q. HABÍA FUNDADO...
"POR INDISCIPLINA REVOLUCIONARIA Y ARROGANCIA PEQUEÑO-BURGUESA."
Y FRANCAS INCLINACIONES HACIA EL TROSTKISMO.
mella

POR ESO MISMO, EN LA HISTORIA QUE SE REESCRIBIÓ A PARTIR DE 1959, → NO APARECE NADA DE LO QUE EL PARTIDO COMUNISTA CUBANO (PSP) OPINÓ SOBRE FIDEL CASTRO Y DEMÁS REVOLUCIONARIOS NO-PPS...

Calle

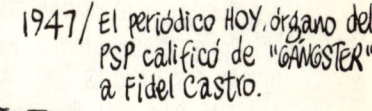

1947/ El periódico HOY, órgano del PSP calificó de "GÁNGSTER" a Fidel Castro.

1953/ Atacó violentamente el asalto al Moncada calificándolo de "putsch pequeño-burgués y una forma de aventurerismo propio de elementos faltos de principios e implicados en el gangsterismo..."

1956/ El PSP condenó el desastre del GRANMA señalando que no podía darse la lucha armada cuando no había condiciones dadas.

1957/ "Estamos en total desacuerdo con las tácticas y planes aventureros de Fidel Castro".
Blas Roca/carta al M-26.

1958/ "...nos oponemos a la lucha armada en Cuba".
JUAN MARINELLO a H. MATTHEWS.

1958/ "Fidel castro continúa con sus metodos puschistas. El PSP no apoya huelgas organizadas por aventureros y niños bien que juegan a la revolución. ¡El proletariado cubano no apoya las huelgas de la pequeña burguesía pro-yanqui!"
CARTA SEMANAL
(CON MOTIVO DE LA FRACASADA HUELGA FIDELISTA DE ABRIL DEL 58).
CON ESE MOTIVO EL PSP DENUNCIÓ A VARIOS DEL M-26 QUE FUERON FUSILADOS POR BATISTA.
FIDEL
1
IMPACIENTE
UN RATO DESPUÉS
2
¡NO ME DIGA QUE EL PSP ERA ALIADO DE BATISTA...!
¡PUES SÍ, Y DICHO POR EL MISMO FIDEL!

"¿ QUÉ MORAL TIENE EL SR. BATISTA PARA HABLAR DEL COMUNISMO, SI FUE CANDIDATO PRESIDENCIAL DEL P. COMUNISTA EN 1940; SI SUS PASQUINES ELECTORALES SE COBIJARON BAJO LA HOZ Y EL MARTILLO; SI POR AHÍ ANDAN LAS FOTOS DE ALCOBA JUNTO A BLAS ROCA Y LÁZARO PEÑA; SI MEDIA DOCENA DE SUS ACTUALES MINISTROS Y COLABORADORES DE CONFIANZA SON Y FUERON MIEMBROS DESTACADOS DEL PARTIDO COMUNISTA ?" FIDEL / BOHEMIA SEPT. DE 1955.
¿Ahora me van a salir con que Fidel era anticomunista?
26 J
MILITARISMO BÁRBARO
MILITARISMO BARBADO
1959
¿Y CÓMO NO IBA A SERLO SI SE EDUCÓ CON LOS JESUITAS ?
¿EN EL AMOR Y ADMIRACIÓN A LA FALANGE Y A FRANCO ?

CUANDO AQUEL 1º DE DICIEMBRE DE 1961 FIDEL DIJO:
"Siempre he sido marxista-leninista y lo seré hasta el último día de mi vida."
LOS CUBANOS NO SABIAN SI REIR O LLORAR... ¿NO SERIA QUE EL CABALLO HABIA PERDIDO LA MEMORIA? ¿O QUE LE HABIA TOMADO A TODOS EL PELO?
¿FIDEL MARXISTA? SÓLO QUE DE LA LINEA DE GROUCHO...
¡NI ESO! EL COMANDANTE NO TIENE NI EL MENOR SENTIDO DEL HUMOR.
PARA DOCUMENTAR EL COMENTARIO QUE SE LE ATRIBUYE AL CHE Y DEMOSTRARLE AL MUNDO EL ANTI-COMUNISMO FIDELIANO, OFRECEMOS AL LECTOR UN MUESTRARIO DE LAS DECLARACIONES ANTICOMUNISTAS DEL COMANDANTE EN JEFE:

"¿Cómo voy a ser yo comunista...de dónde voy a traer yo el comunismo, padre ?"/Dic.de 1958, al P.Llorente, jesuita.

"FIDEL CASTRO NO SIMPATIZA CON EL COMUNISMO"
en "Sierra Maestra", 1958/órgano del M-26 en Miami.

"El M-26 nunca ha hablado de socialismo, ni de nacionalizar industrias...desde el principio hemos hablado de restaurar la Constitución de 1940, que establece claramente las garantías, derechos y obligaciones para todos los elementos que participan en la producción, incluyendo la libre empresa y la inversión foránea".
Fidel Castro a Jules Dubois/24 de mayo de 1958.

"No me rompí el pescuezo luchando contra una dictadura, para caer en manos de otra. El imperialismo soviético es igual al imperialismo norteamericano".
Julio de 1958/Entrevista con J.Meneses, español.

"No somos comunistas. Hay algunos elementos comunistas en el gobierno, pero su influencia es nula. Yo no estoy de acuerdo con el comunismo. Cuba no nacionalizará ni expropiará propiedades privadas extranjeras y buscará, al contrario, inversiones adicionales".
Declaración a la prensa/Washington, abril de 1959.

"No somos ni seremos comunistas. Nuestra Revolución es genuinamente democrática, genuinamente cubana..."
Fidel en el Club de Leones/13 de enero de 1959.

"De ninguna manera caeremos en la órbita del Comunismo internacional, puesto que nunca recibimos ayuda de ellos para hacer la revolución, ni la pediremos para defenderla. Nos apoyaremos en la opinión pública de los pueblos de América".
"Revolución"/23 enero 59.

"Mira Rufo, yo estoy dejando que los comunistas asomen la cabeza y saber así quiénes son. Y cuando lo sepa, los vuelo a todos con la orilla de mi gorra".
A Rufo López Fresquet en Washington/abril de 1959.

"El Comunismo es una dictadura de clase y yo he luchado toda mi vida contra las dictaduras. Por eso no soy comunista. El comunismo predica el odio de clases, la lucha de clases y yo estoy contra eso. No se puede confiar en los comunistas..."
Al Prof. José Ignacio Rasco/abril de 1959.

"Quiero aclarar aquí que yo no soy comunista, porque estoy seguro de que lo primero que van a querer decir después de esta campaña, es que nosotros somos comunistas. Nosotros antes que nada sentimos los intereses de nuestra patria y de nuestra América..."
Conferencia de Prensa/Fernando Benítez/22 enero 1959.

→ Hay otras 365 declaraciones similares, pero creo que con éstas bastan...

"La nuestra no es una revolución comunista, la nuestra, lo admito, es una revolución radical, incluso la más radical de toda la historia de Cuba."
Octubre de 1959
POR FAVOR, NO LE SIGAN QUE ME VOY A PONER ROJO DE VERGÜENZA.
EN ESA DECLARACIÓN DE ANTICOMUNISMO Y SUS PROMESAS DE HACER ELECCIONES "PRONTO" Y RESPETAR LA CONSTITUCIÓN, SE BASA GRAN PARTE DE LA POPULARIDAD DE FIDEL Y EL APOYO QUE TODOS LOS SECTORES DE LA SOCIEDAD CUBANA LE BRINDARON AL INICIO...
¡chico, ven acá: es que si había algo desacreditao en cuba era el comunismo!

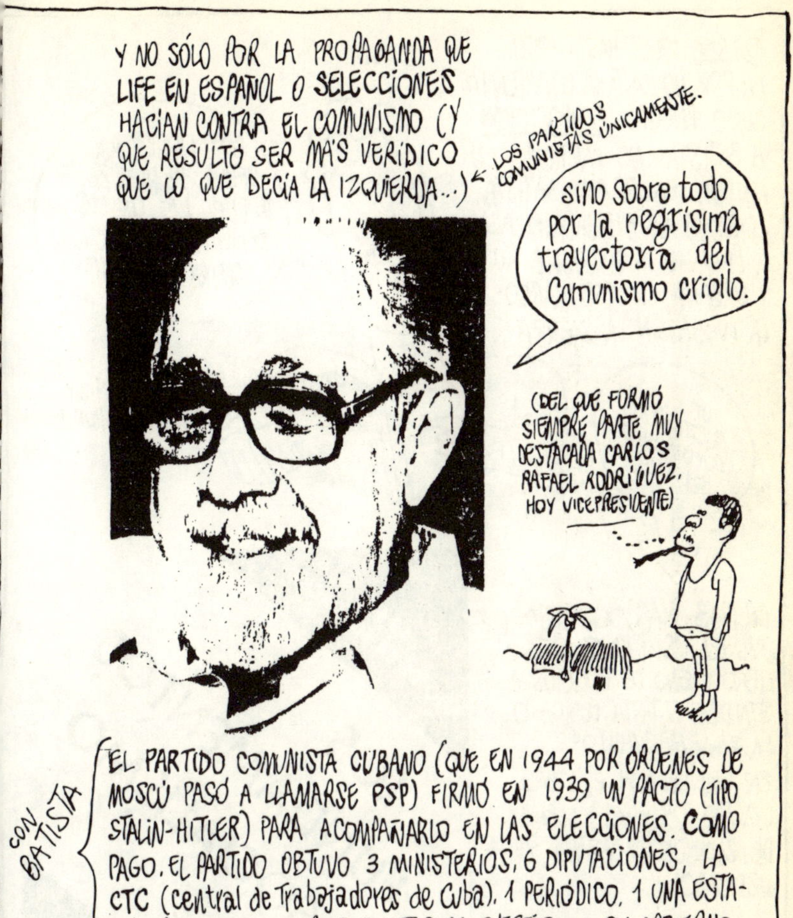
Y NO SÓLO POR LA PROPAGANDA QUE LIFE EN ESPAÑOL O SELECCIONES HACIAN CONTRA EL COMUNISMO (Y QUE RESULTÓ SER MÁS VERÍDICO QUE LO QUE DECÍA LA IZQUIERDA...)
LOS PARTIDOS COMUNISTAS ÚNICAMENTE.
sino sobre todo por la negrísima trayectoria del Comunismo criollo.
(DEL QUE FORMÓ SIEMPRE PARTE MUY DESTACADA CARLOS RAFAEL RODRÍGUEZ, HOY VICEPRESIDENTE)
CON BATISTA
EL PARTIDO COMUNISTA CUBANO (QUE EN 1944 POR ÓRDENES DE MOSCÚ PASÓ A LLAMARSE PSP) FIRMÓ EN 1939 UN PACTO (TIPO STALIN-HITLER) PARA ACOMPAÑARLO EN LAS ELECCIONES. COMO PAGO, EL PARTIDO OBTUVO 3 MINISTERIOS, 6 DIPUTACIONES, LA CTC (central de Trabajadores de Cuba), 1 PERIÓDICO, 1 UNA ESTACIÓN DE RADIO Y VARIOS CIENTOS DE PUESTOS EN SU GOBIERNO.
¿Y DESPUÉS DEL GOLPE DEL 52 POR BATISTA? ¿QUÉ HIZO EL PSP?
QUEDARSE QUIETO, ESPERANDO QUE SE DIERAN LAS CONDICIONES OBJETIVAS, SUBJETIVAS Y DE LAS OTRAS...

DESDE 1952 HASTA 1958. EL PSP NO ESTABA CONSIDERADO COMO PARTIDO DE OPOSICIÓN A BATISTA: NO PARTICIPÓ EN NINGUN PACTO ANTI-BATISTA, CONDENÓ EL MONCADA, EL ASALTO A PALACIO, LA GUERRILLA RURAL Y URBANA, EL DESEMBARCO Y LA LUCHA EN LA SIERRA...
PERO LA HISTORIA OFICIAL DE LA CUBA DE FIDEL DICE QUE LOS COMUNISTAS SÍ LUCHARON CONTRA LA TIRANÍA...!
¡claro: la han escrito ellos!
EN MARCHA CON FIDEL
NUÑEZ JIMENEZ
un ejemplo del oportunismo del PSP.
EN 1943, BLAS ROCA (SRIO. GRAL. DEL PSP) EDITÓ ESTE → LIBRO LLENO DE ELOGIOS A STALIN Y BATISTA, DEDICADO "A JUAN MARINELLO"...
EN 1961 REEDITÓ EL LIBRO (PAGADO POR FIDEL) LLENO DE ELOGIOS A CASTRO Y DEDICADO ↓
"A todos los combatientes heroicos y fieles de la Sierra y el llano, contra la tiranía de Batista, que con su sangre, su sacrificio y su espíritu indomable", bla bla bla etc.
(100 MIL EJEMPLARES)
1961 AÑO DE LA EDUCACIÓN
LOS FUNDAMENTOS DEL SOCIALISMO EN CUBA
BLAS ROCA
EDICIONES POPULARES

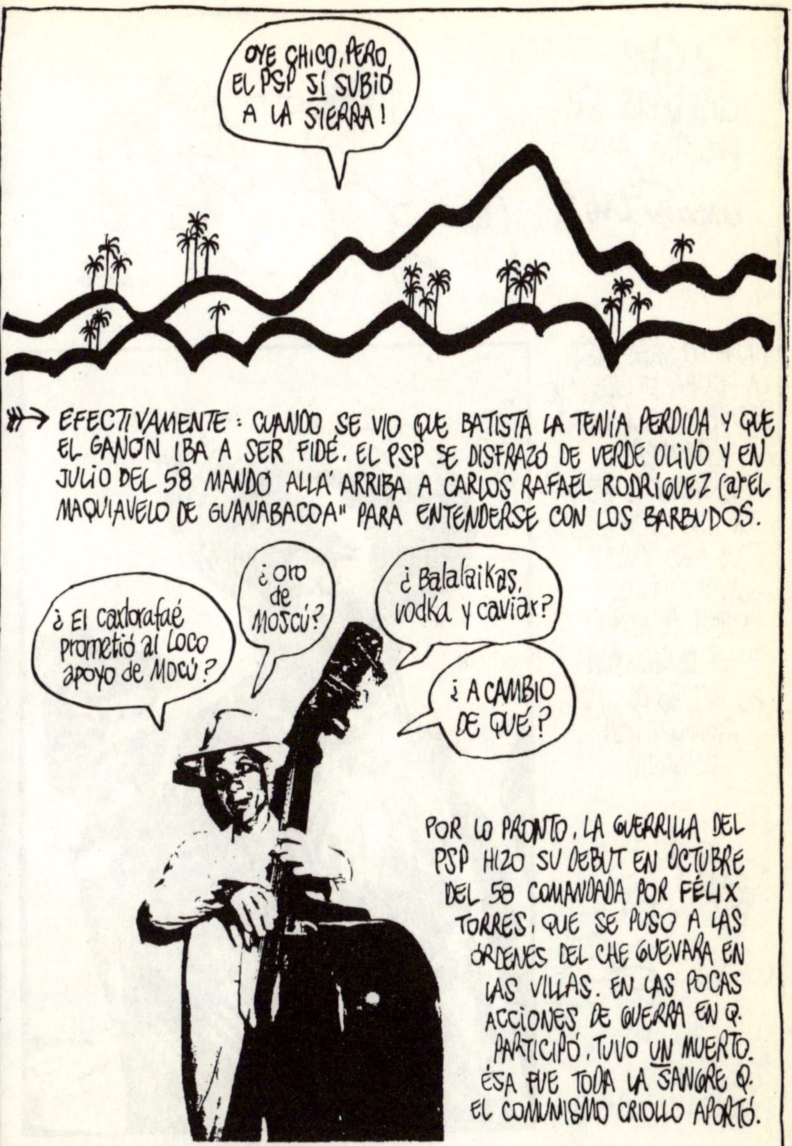
OYE CHICO, PERO, EL PSP SÍ SUBIÓ A LA SIERRA!
EFECTIVAMENTE: CUANDO SE VIO QUE BATISTA LA TENÍA PERDIDA Y QUE EL GANÓN IBA A SER FIDÉ, EL PSP SE DISFRAZÓ DE VERDE OLIVO Y EN JULIO DEL 58 MANDÓ ALLÁ ARRIBA A CARLOS RAFAEL RODRÍGUEZ (a)"EL MAQUIAVELO DE GUANABACOA" PARA ENTENDERSE CON LOS BARBUDOS.
¿El carlorafaé prometió al Loco apoyo de Mocú?
¿oro de Moscú?
¿Balalaikas, vodka y caviar?
¿A CAMBIO DE QUÉ?
POR LO PRONTO, LA GUERRILLA DEL PSP HIZO SU DEBUT EN OCTUBRE DEL 58 COMANDADA POR FÉLIX TORRES, QUE SE PUSO A LAS ÓRDENES DEL CHE GUEVARA EN LAS VILLAS. EN LAS POCAS ACCIONES DE GUERRA EN Q. PARTICIPÓ, TUVO UN MUERTO. ÉSA FUE TODA LA SANGRE Q. EL COMUNISMO CRIOLLO APORTÓ.

¿Qué diablos se pactó en ese encuentro?
PACTO FIDEL PSP
NADIE LO SABE HASTA LA FECHA, NI CREO QUE NUNCA SE SEPA, PERO CONSIDERO SERIAMENTE QUE EN ESE ENCUENTRO (QUE DURÓ VARIAS SEMANAS), FIDEL Y EL ENVIADO DE MOSCÚ → DECIDIERON EL FUTURO DE LA REVOLUCIÓN CUBANA.
(Es más, se reciben apuestas...)

¿POR QUÉ AFIRMO TAMAÑA TONTERÍA?
VEN ACÁ, QUE NO ES NINGUNA TONTERÍA: TODOS LOS CUBANOS NOS DIMOS CUENTA Q. ALGO ESTABA PASANDO.
MIENTRAS EN LOS DISCURSOS, ENTREVISTAS Y DECLARACIONES SE AFIRMABA FIDEL ANTI-COMUNISTA, SU GOBIERNO SE ESTABA TORNANDO SOSPECHOSAMENTE COMUNISTA, AL ENTREGAR AL PSP PUESTOS CLAVES EN MINISTERIOS Y ADMINISTRACIONES.
1959
LIBERACION
LA LEY DE REFORMA AGRARIA, ELABORADA EN PRINCIPIO POR TRES ECONOMISTAS CUBANOS (PAZOS, GUERRA Y SORI MARÍN) FUE DESECHADA REPENTINAMENTE POR CASTRO, QUE IMPUSO OTRA, SIN CONSULTAR AL GABINETE ECONÓMICO, HECHA POR EL CHE Y 2 COMUNISTAS, NÚÑEZ JIMÉNEZ (GEÓGRAFO) Y PINO SANTOS (PERIODISTA) Y MUY APEGADA AL MODELO SOVIÉTICO.
(PINO SANTOS COLABORÓ CON BATISTA).

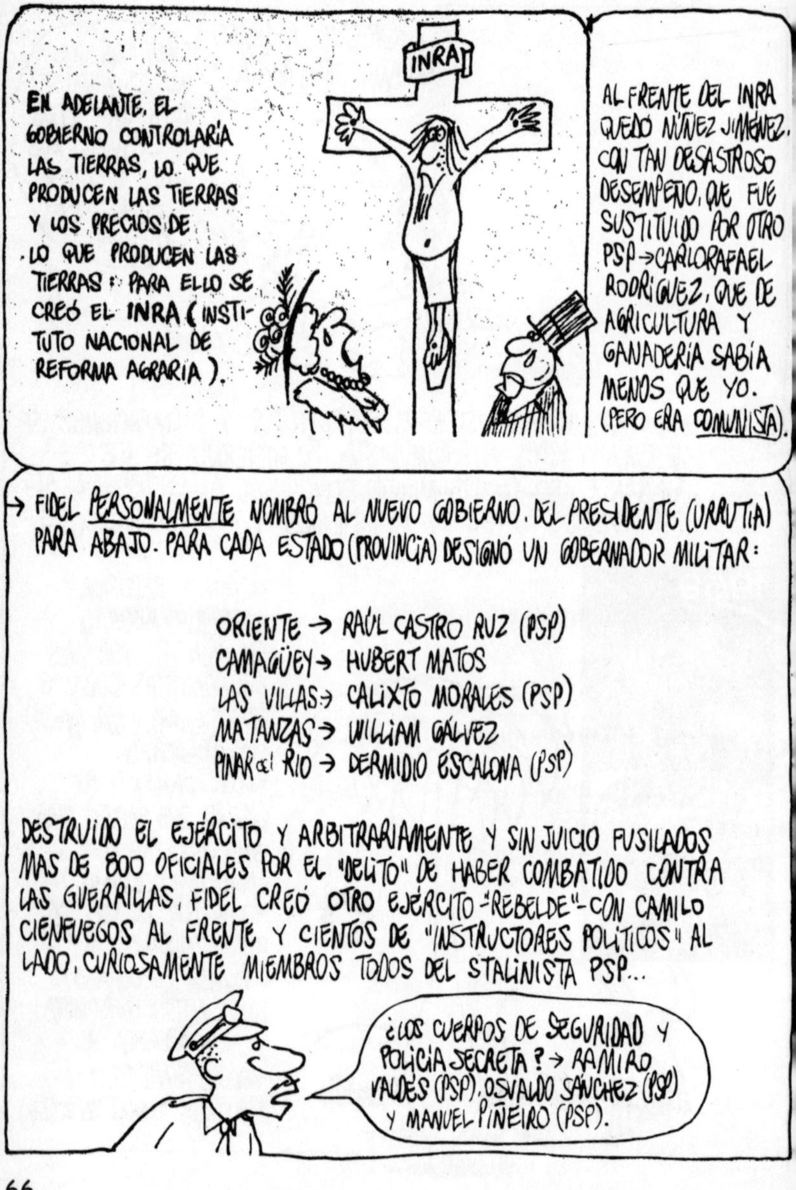
EN ADELANTE, EL GOBIERNO CONTROLARÍA LAS TIERRAS, LO QUE PRODUCEN LAS TIERRAS Y LOS PRECIOS DE LO QUE PRODUCEN LAS TIERRAS: PARA ELLO SE CREÓ EL INRA (INSTITUTO NACIONAL DE REFORMA AGRARIA).
INRA
AL FRENTE DEL INRA QUEDÓ NÚÑEZ JIMÉNEZ, CON TAN DESASTROSO DESEMPEÑO, QUE FUE SUSTITUIDO POR OTRO PSP → CARLO RAFAEL RODRÍGUEZ, QUE DE AGRICULTURA Y GANADERÍA SABÍA MENOS QUE YO. (PERO ERA COMUNISTA).
→ FIDEL PERSONALMENTE NOMBRÓ AL NUEVO GOBIERNO. DEL PRESIDENTE (URRUTIA) PARA ABAJO. PARA CADA ESTADO (PROVINCIA) DESIGNÓ UN GOBERNADOR MILITAR:
ORIENTE → RAÚL CASTRO RUZ (PSP)
CAMAGÜEY → HUBERT MATOS
LAS VILLAS → CALIXTO MORALES (PSP)
MATANZAS → WILLIAM GÁLVEZ
PINAR del RIO → DERMIDIO ESCALONA (PSP)
DESTRUIDO EL EJÉRCITO Y ARBITRARIAMENTE Y SIN JUICIO FUSILADOS MAS DE 800 OFICIALES POR EL "DELITO" DE HABER COMBATIDO CONTRA LAS GUERRILLAS, FIDEL CREÓ OTRO EJÉRCITO "REBELDE" -CON CAMILO CIENFUEGOS AL FRENTE Y CIENTOS DE "INSTRUCTORES POLÍTICOS" AL LADO. CURIOSAMENTE MIEMBROS TODOS DEL STALINISTA PSP...
¿LOS CUERPOS DE SEGURIDAD Y POLICÍA SECRETA? → RAMIRO VALDÉS (PSP), OSVALDO SÁNCHEZ (PSP) Y MANUEL PIÑEIRO (PSP).

¡No se acalambren: hay que buscar la UNIDAD de todas las fuerzas... no la DIVISIÓN!
EN TODOS LOS PUESTOS DEL ÁREA CULTURAL, LOS VIEJOS COMUNISTAS ENCONTRARON TRABAJO: EDITH GARCÍA BUCHACA, JUAN MARINELLO, BLAS ROCA, NICOLÁS GUILLÉN, ALFREDO GUEVARA, VIOLETA CASALS, GEISHA BOROTO, MARTHA FRAYDE, etc.
LA MEDIDA POLÍTICA DE MÁS TRASCENDENCIA EN EL ORDEN ECONÓMICO QUE EJECUTA EL GOBIERNO REVOLUCIONARIO APENAS LLEGA AL PODER, ES LA RECUPERACIÓN DE BIENES MALVERSADOS POR LOS...
...FUNCIONARIOS Y AUTORIDADES DEL GOBIERNO BATISTIANO...
Y POR LAS EMPRESAS VINCULADAS CON LA DICTADURA!
HELP!
HF.
EL MINISTERIO DE "RECUPERACIÓN DE BIENES MALVERSADOS" (FAUSTINO PÉREZ-PSP) SE CONVIRTIÓ EN EL MACARTHISMO FIDELISTA: ELLOS DECIDÍAN QUIÉNES HABÍAN SIDO BATISTIANOS, PARA ACTO SEGUIDO DESPOJARLOS DE TODAS SUS PROPIEDADES, EMPRESAS Y CUENTAS BANCARIAS, SI BIEN LES IBA...

ESE FAMOSO MINISTERIO CAZADOR DE BRUJAS ES RECORDADO CON HORROR POR MEDIA CUBA, DEBIDO A LA GRAN CANTIDAD DE ABUSOS E INJUSTICIAS COMETIDOS. GENTE INOCENTE FUE ENCARCELADA Y DESPOJADA DE TODO, POR EL "CRIMEN" DE HABER TRABAJADO EN ALGÚN MINISTERIO BATISTIANO.
¿NO ACEPTAN MORDIDA...?
ASÍ SON LAS REVOLUCIONES, CHICO: UNOS SE VAN HASTA ARRIBA Y OTROS SE VAN PA'L CARAJO.
CON LA EDUCACIÓN PASÓ LO MISMO: TODAS LAS ESCUELAS, COLEGIOS, UNIVERSIDADES, ACADEMIAS, LICEOS Y DEMÁS FUERON "NACIONALIZADOS" (AUNQUE SUS DUEÑOS ERAN CUBANOS), SIN INDEMNIZACIÓN DE NINGUNA CLASE.
¿Y LOS MAESTROS Y MAESTRAS?
IGUAL, CHICO: LOS CORRIERON A CASI TODOS POR "BATISTIANOS" Y LOS SUPLIERON CON COMUNISTAS, EN BUENA PARTE.

OTRA COSA QUE ALARMÓ A LA SOCIEDAD CUBANA Y QUE CONTRADECÍA LO PROMETIDO POR FIDEL, FUE LA DESAPARICIÓN DE LA PRENSA Y EL ESTABLECIMIENTO DE UNA SOLA VOZ, LA DEL GOBIERNO...
¡REVOLUCION!
TAMBALEANTE LA DICTADURA
LA CONSPIRACION MILITAR
Por Fidel Castro
SUCEDIO EN MATANZAS
ALDABONAZO
EDITORIAL
REVOLUCION: UNICA SALIDA
SABOTAJE REVOLUCIONARIO LO DEL WASHINGTON
PROCLAMA SU RAIZ EN CHIBAS EL M. R. 26 DE JULIO
Batista es el Hambre
Primero de Mayo
"Paz, Trabajo y Progreso..."
Contrabando por 290 Millones
¡ALDABONAZO!
EN CUBITA BELLA - IGUAL QUE EN NUESTROS PAÍSES - HABÍA ANTES DE LA REVOLUCIÓN TODO TIPO DE PRENSA: VENDIDOS AL GOBIERNO, PRENSA DE DERECHA, PERIÓDICOS EN INGLÉS, REVISTAS DE MODAS Y COCINA, PRENSA CHISMOSA, PRENSA AMARILLISTA ...Y HASTA PRENSA OPOSITORA.
COMO LA REVISTA Bohemia DONDE FIDEL CASTRO ESCRIBÍA ARTÍCULOS CONTRA BATISTA.
Bohemia
HASTA LOS COMUNISTAS TENÍAN SU DIARIO: HOY.
(Y HOY TODOS SON DE LOS COMUNISTAS)

Zig-Zag
ES MÁS. BATISTA HASTA TOLERABA QUE HUBIERA UNA REVISTA DE HUMOR -zig-zag- EN DONDE SE LE HACIAN NO MUY AMABLES CARICATURAS...
$50.000
...Y HASTA SE PUBLICABAN CARICATURAS DE APOYO A FIDEL (MEDIO DISFRAZADAS POR AQUELLO DE LA CENSURA) SIN QUE LES CLAUSURARAN LA REVISTA. ↓
Zig-Zag
Y ADEMÁS, SE VENDÍAN EN LOS KIOSKOS REVISTAS Y PERIÓDICOS DE TODO EL MUNDO (USA INCLUIDO).
O SEA, HABÍA LIBERTAD (MAOMENO) DE EXPRESIÓN.
30

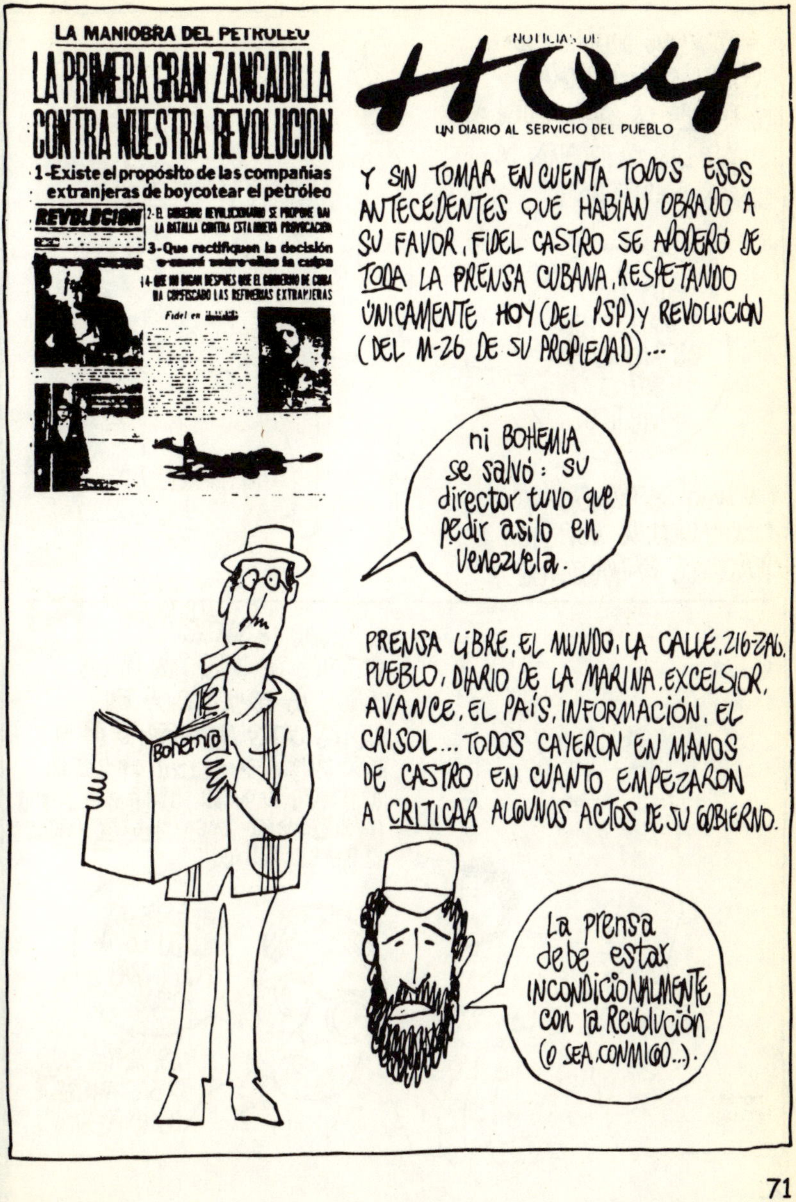

LA MANIOBRA DEL PETROLEO
LA PRIMERA GRAN ZANCADILLA CONTRA NUESTRA REVOLUCION
1-Existe el propósito de las compañias extranjeras de boycotear el petróleo
REVOLUCION
2- EL GOBIERNO REVOLUCIONARIO SE PROPONE DAR LA BATALLA CONTRA ESTA NUEVA PROVOCACION
3-Que rectifiquen la decisión
4- QUE NO DIGAN DESPUES QUE EL GOBIERNO DE CUBA HA CONFISCADO LAS REFINERIAS EXTRANJERAS
NOTICIAS DE HOY
UN DIARIO AL SERVICIO DEL PUEBLO
Y SIN TOMAR EN CUENTA TODOS ESOS ANTECEDENTES QUE HABIAN OBRADO A SU FAVOR, FIDEL CASTRO SE APODERÓ DE TODA LA PRENSA CUBANA, RESPETANDO ÚNICAMENTE HOY (DEL PSP) Y REVOLUCIÓN (DEL M-26 DE SU PROPIEDAD)...
ni BOHEMIA se salvó: su director tuvo que pedir asilo en Venezuela.
Bohemia
PRENSA LIBRE, EL MUNDO, LA CALLE, ZIG-ZAG, PUEBLO, DIARIO DE LA MARINA, EXCELSIOR, AVANCE, EL PAÍS, INFORMACIÓN, EL CRISOL... TODOS CAYERON EN MANOS DE CASTRO EN CUANTO EMPEZARON A CRITICAR ALGUNOS ACTOS DE SU GOBIERNO.
La prensa debe estar INCONDICIONALMENTE con la Revolución (O SEA, CONMIGO...).

..Y LO MISMO OCURRIÓ CON TODAS LAS TELEVISORAS, CON TODA LA RADIO Y CON TODAS LAS EDITORIALES DE LIBROS Y REVISTAS...
TODO PASÓ A MANOS DEL ESTADO. MUY AL ESTILO SOVIÉTICO.
(INCLUSO SE PROHIBIÓ LA CIRCULACIÓN DE REVISTAS Y PERIÓDICOS EXTRANJEROS.)
EL MISMO J.-P. SARTRE JUSTIFICÓ LA CONVERSIÓN DE LOS MEDIOS DE COMUNICACIÓN EN SIMPLES CAJAS ADULATORIAS DE RESONANCIA → "Habrá que liquidar a la prensa burguesa, para que la prensa revolucionaria pueda criticar y vigilar el proceso político..."
¡PERO SE LES OLVIDÓ LO DE "CRITICAR"! MERDE.
ASÍ MURIÓ EN CUBA LA LIBERTÉ DE EXPRESIÓN...
monos de Chago.

BARBONES
Y ADEMÁS
¡HIJOS DE LA GRAN REVOLUCIÓN!
¡NOS ORILLAN A DESEARLES QUE
TO MIAMI
AB
TODAS AQUELLAS MEDIDAS POPULISTAS DE LOS PRIMEROS MESES
• REBAJA DE ALQUILERES
• REBAJA EN LAS MEDICINAS
• REBAJA EN LOS TRANSPORTES
• CONFISCACIONES DE CLUBS PRIVADOS, HOTELES, CINES
• REBAJA DE TARIFAS TELEFÓNICAS
• CIERRE DE CASINOS Y CABARETS
• CIERRE DE BURDELES
• CONFISCACIÓN DE HACIENDAS Y RANCHOS GANADEROS, etc.
SI BIEN BENEFICIARON A MUCHA GENTE, AL MISMO TIEMPO PERJUDICARON A OTRA... QUE NO QUEDÓ MUY AGRADECIDA QUE DIGAMOS...
CIENTOS DE MILES DE CUBANOS SE QUEDARON SIN NADA EN ARAS DE LA "REVOLUCIÓN HUMANISTA" PROMETIDA POR FIDEL, QUE EN SU AFÁN DE FREGAR AL MILLONARIO ACABÓ POR FREGAR A LA CLASE MEDIA QUE, CURIOSAMENTE, ERA LA QUE MÁS COMBATIÓ A BATISTA...
no olvidar que en la lucha contra Batista NO participaron:
NI LOS OBREROS NI LOS CAMPESINOS.

NO CAYÓ FIDEL EN LA CUENTA QUE CON SUS MEDIDAS "REVOLUCIONARIAS" ESTABA PERJUDICANDO SERIAMENTE A QUIENES VIVÍAN DE SU TRABAJO..!
¡COÑO, LO QUE ME PREOCUPA ES HACERME UNA IMAGEN REVOLUCIONARIA! ¿QUIÉN SE VA A FIJAR EN ESOS DETALLES...?
BANCO NACIONAL
VIVA NUESTRA REVOLUCION
CIENTOS DE MILES DE FAMILIAS QUE VIVÍAN DE SU TRABAJO EN HOTELES, CINES, BARES, CABARETS, BANCOS (IGUAL NACIONALIZADOS), ESCUELAS, COMERCIOS, RESTAURANTES, INCLUSO BURDELES, TIENDAS PARA TURISTAS, AGENCIAS DE VIAJES, TRANSPORTES, COMO GUÍAS DE TURISTAS, O SIMPLEMENTE LOS CRIADOS Y SIRVIENTES, CHOFERES O MUCAMAS, MESEROS O COCINERAS QUE TRABAJABAN CON LA CLASE "PUDIENTE".
Y LOS EMPLEADOS Y SECRETARIAS Y CONTADORES Y LOS JUBILADOS DE TODAS LAS EMPRESAS QUE CONFISCARON... ¿NO ERAN CUBANOS?

(PERO YA NOS ESTAMOS METIENDO EN EL CAPÍTULO DE LA ECONOMÍA, QUE VIENE AL RATO.)
SÍ, SÍGANLE CON ESO DE QUE EL VERDE OLIVO SE ESTABA VOLVIENDO ROJO.
VA PUES: DE PRONTO TODOS LOS QUE HABÍAN LUCHADO EN SERIO POR CORRER A BATISTA, PERO QUE NO ERAN NI BARBUDOS DE LA SIERRA, NI COMUÑANGAS DEL PSP, VIERON QUE NO LES ESTABA TOCANDO NI MIGAJAS DEL PASTEL DE LA FIESTA EN SU HONOR.
¡caballero, es que, ven acá, si les doy una probadita de poder, les va a gustar y hasta se pueden volver adictos, coño!
DESDE EL PRINCIPIO, FIDEL HIZO A UN LADO AL DIRECTORIO, AL EXILIO, AL SEGUNDO FRENTE Y A TODOS LOS DEMÁS.
Y EN CONSECUENCIA, SURGIÓ EL DESCONTENTO Y LAS PRIMERAS PROTESTAS...

En mi anterior libro reseñé aquellas primeras PROTESTAS, haciéndome eco de la HISTORIA OFICIAL:
ASÍ QUE EL TÍO NO SÓLO NO QUISO AYUDAR AL NUEVO GOBIERNO BARBUDO, SINO QUE EMPEZÓ A JUGARLE RUDO (¡A JUGARLE CUBANO A CUBA!)
US
LA NUEVA TEMPORADA DE "AMISTAD Y COMPRENSIÓN", SE INICIÓ CON EL BOMBARDEO CON "NAPALM" DE LOS CAÑAVERALES... CON AVIONES QUE VENÍAN DE E. UNIDOS... (JULIO DE 1959)
¡YO NO SÉ NADA! AMIGO...
EL TÍO NEGÓ TODO, PERO DÍAS DESPUÉS OTRO AVIÓN YANQUI TRIPULADO POR UN EX-CASTRISTA (DÍAZ LANZ) VOLÓ SOBRE LA HABANA Y ECHÓ PANFLETOS (MADE IN USA) Y METRALLA... (TAMBIÉN MADE IN USA, CLARO...)
US
PARA ESOS DÍAS YA NO HABÍA PRENSA EN CUBA Y LA ÚNICA VERSIÓN DE LOS HECHOS LA DABA EL GOBIERNO. SU RADIO, SU TELEVISIÓN, SUS PERIÓDICOS Y SU AGENCIA DE NOTICIAS PL.
(Y LA VERBORREA DE FIDEL...)
DESPUÉS SE SUPO QUE LOS INCENDIOS DE LOS CAÑAVERALES HABÍAN SIDO PROVOCADOS POR ÉL MISMO...
PARA ECHARME LA CULPA (Y CON MI NEGRO HISTORIAL. TODO MUNDO SE LO CREYÓ, SHIT!)
¿Y LO DE DÍAZ LANZ?

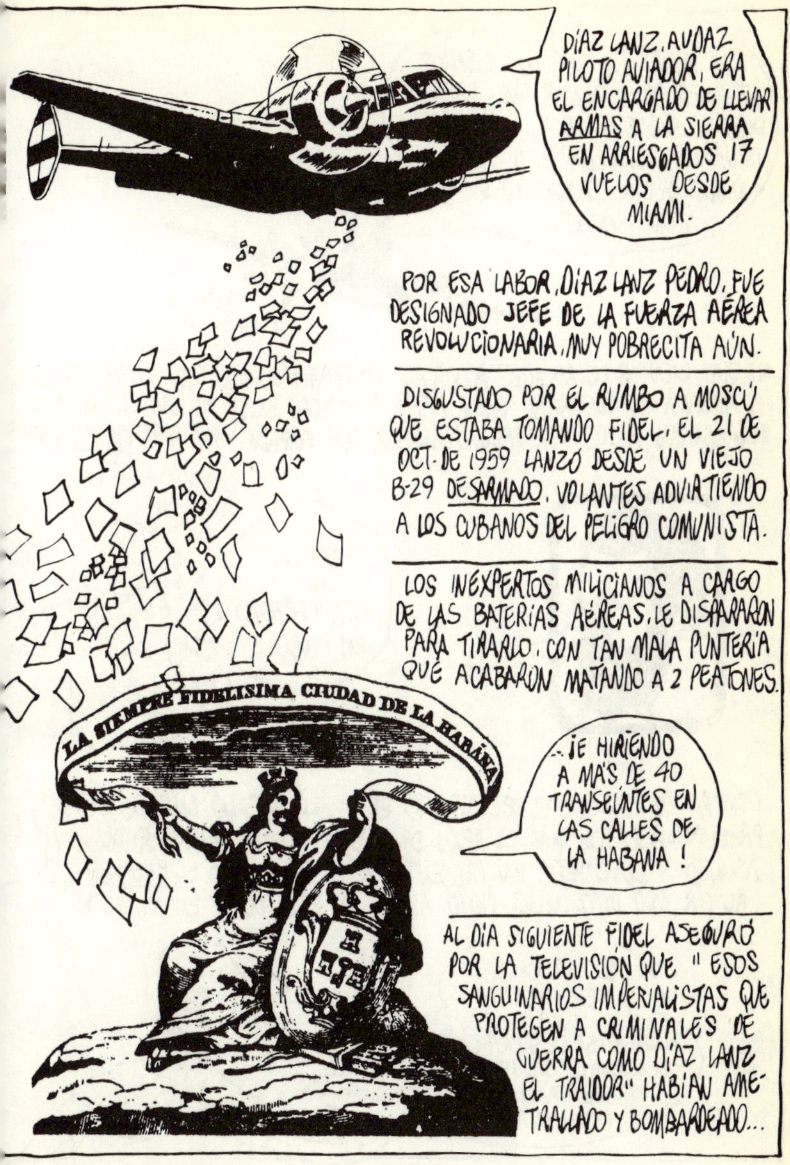
DÍAZ LANZ, AUDAZ PILOTO AVIADOR, ERA EL ENCARGADO DE LLEVAR ARMAS A LA SIERRA EN ARRIESGADOS 17 VUELOS DESDE MIAMI.
POR ESA LABOR, DÍAZ LANZ PEDRO, FUE DESIGNADO JEFE DE LA FUERZA AÉREA REVOLUCIONARIA, MUY POBRECITA AÚN.
DISGUSTADO POR EL RUMBO A MOSCÚ QUE ESTABA TOMANDO FIDEL, EL 21 DE OCT. DE 1959 LANZÓ DESDE UN VIEJO B-29 DESARMADO, VOLANTES ADVIRTIENDO A LOS CUBANOS DEL PELIGRO COMUNISTA.
LOS INEXPERTOS MILICIANOS A CARGO DE LAS BATERÍAS AÉREAS, LE DISPARARON PARA TIRARLO, CON TAN MALA PUNTERÍA QUE ACABARON MATANDO A 2 PEATONES.
LA SIEMPRE FIDELISIMA CIUDAD DE LA HABANA
...¡E HIRIENDO A MÁS DE 40 TRANSEÚNTES EN LAS CALLES DE LA HABANA!
AL DÍA SIGUIENTE FIDEL ASEGURÓ POR LA TELEVISIÓN QUE "ESOS SANGUINARIOS IMPERIALISTAS QUE PROTEGEN A CRIMINALES DE GUERRA COMO DÍAZ LANZ EL TRAIDOR" HABÍAN AMETRALLADO Y BOMBARDEADO...

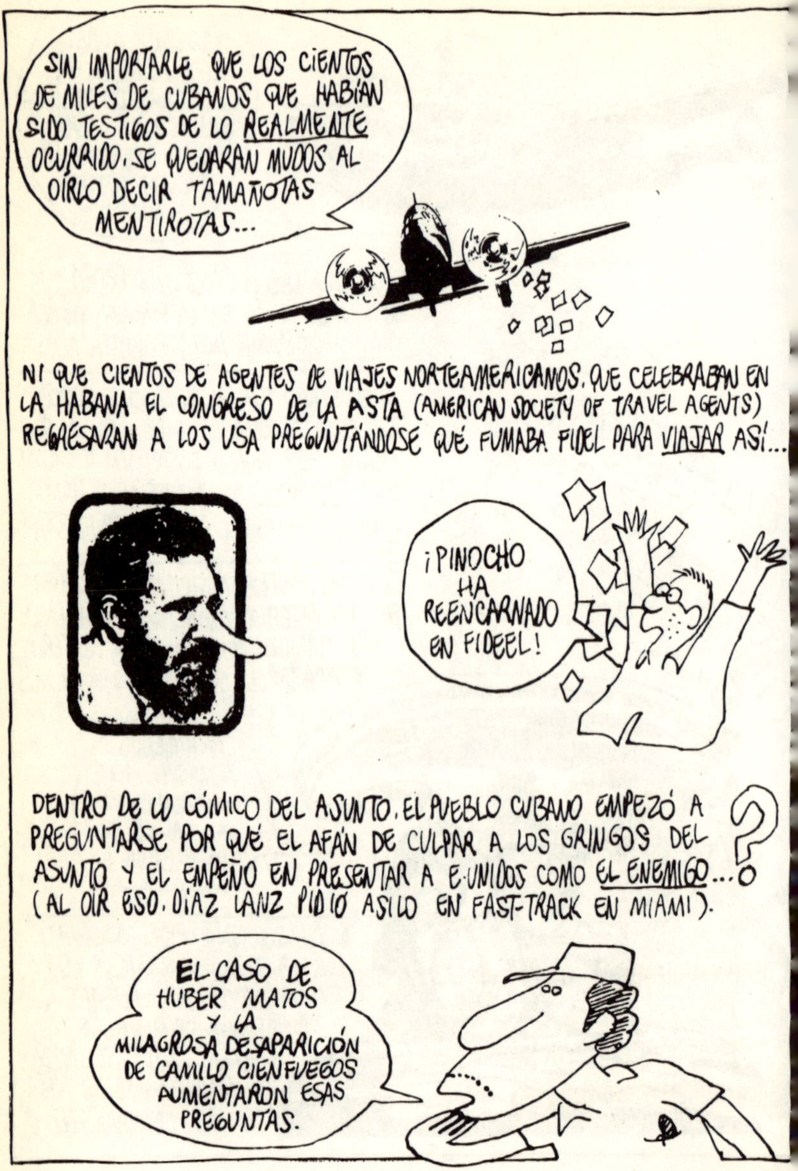
SIN IMPORTARLE QUE LOS CIENTOS DE MILES DE CUBANOS QUE HABÍAN SIDO TESTIGOS DE LO REALMENTE OCURRIDO, SE QUEDARAN MUDOS AL OIRLO DECIR TAMAÑOTAS MENTIROTAS...
NI QUE CIENTOS DE AGENTES DE VIAJES NORTEAMERICANOS, QUE CELEBRABAN EN LA HABANA EL CONGRESO DE LA ASTA (AMERICAN SOCIETY OF TRAVEL AGENTS) REGRESARAN A LOS USA PREGUNTÁNDOSE QUÉ FUMABA FIDEL PARA VIAJAR ASÍ...
¡PINOCHO HA REENCARNADO EN FIDEEL!
DENTRO DE LO CÓMICO DEL ASUNTO, EL PUEBLO CUBANO EMPEZÓ A PREGUNTARSE POR QUÉ EL AFÁN DE CULPAR A LOS GRINGOS DEL ASUNTO Y EL EMPEÑO EN PRESENTAR A E.UNIDOS COMO EL ENEMIGO...? (AL OIR ESO, DIAZ LANZ PIDIÓ ASILO EN FAST-TRACK EN MIAMI).
EL CASO DE HUBER MATOS Y LA MILAGROSA DESAPARICIÓN DE CAMILO CIENFUEGOS AUMENTARON ESAS PREGUNTAS.

EN UNA DE LAS 17 VISITAS QUE HE HECHO A CUBA, PASÉ DOS HORAS RECORRIENDO EL RECIÉN INAUGURADO MUSEO DE LA REVOLUCIÓN, EN LO QUE ANTES ERA PALACIO PRESIDENCIAL.
O SEA, LA HISTORIA DE CUBA EN FOTOS, DOCUMENTOS, OBJETOS PERSONALES. ALGO DIGNO DE VERSE.
PERO ... EN POSTERIORES VISITAS AL MUSEO, NOTÉ QUE YA NO ESTABAN MUCHAS FOTOS DONDE APARECIAN PERSONAJES QUE HABIAN CAIDO "EN DESGRACIA" AL IRSE DE CUBA, COMO FRANQUI (CARLOS), FUNDADOR DE LA RADIO EN LA SIERRA Y DEL PERIÓDICO REVOLUCIÓN (HOY GRANMA).
Y OTROS POR EL ESTILO... Y LA AUSENCIA DE OTRAS FAMOSAS FOTOS QUE NUNCA FUERON CONOCIDAS EN CUBA CASI. COMO ÉSTA ← DONDE APARECE EN PRIMER PLANO EL COMANDANTE HUBER MATOS.
Huber Matos y Fidel entrando a la Habana 9-I-59.

MATOS, INCORPORADO POR PROPIA VOLUNTAD A LA SIERRA, DESTACÓ COMO GUERRILLERO Y CONDUCTOR DE TROPAS. SIENDO NOMBRADO POR FIDEL COMANDANTE, JUNTO CON EL CHE Y CAMILO CIENFUEGOS...

Fidel decía que su brazo derecho era Camilo, y Matos su brazo izquierdo.

← Ambos eran masones.

NI MATOS NI CAMILO ERAN PRO-COMUNISTAS. AMBOS SE DIERON PRONTO CUENTA QUE ALGO ESTABA OCURRIENDO CON FIDEL; CAMILO NO SE ATREVÍA A DECIRLO, PERO MATOS SÍ, Y ADEMÁS EN PÚBLICO...

"Desde el tercer mes de la Revolución comprendí que había un doble juego. Fidel decía que era demócrata y que respetaría las libertades, pero al mismo tiempo casi todas las instituciones las estaba entregando a los comunistas... Todo formaba parte de un juego."

INTENTÓ HABLAR A SOLAS CON FIDEL PARA PLANTEARLE SUS DUDAS, SIN LOGRARLO.

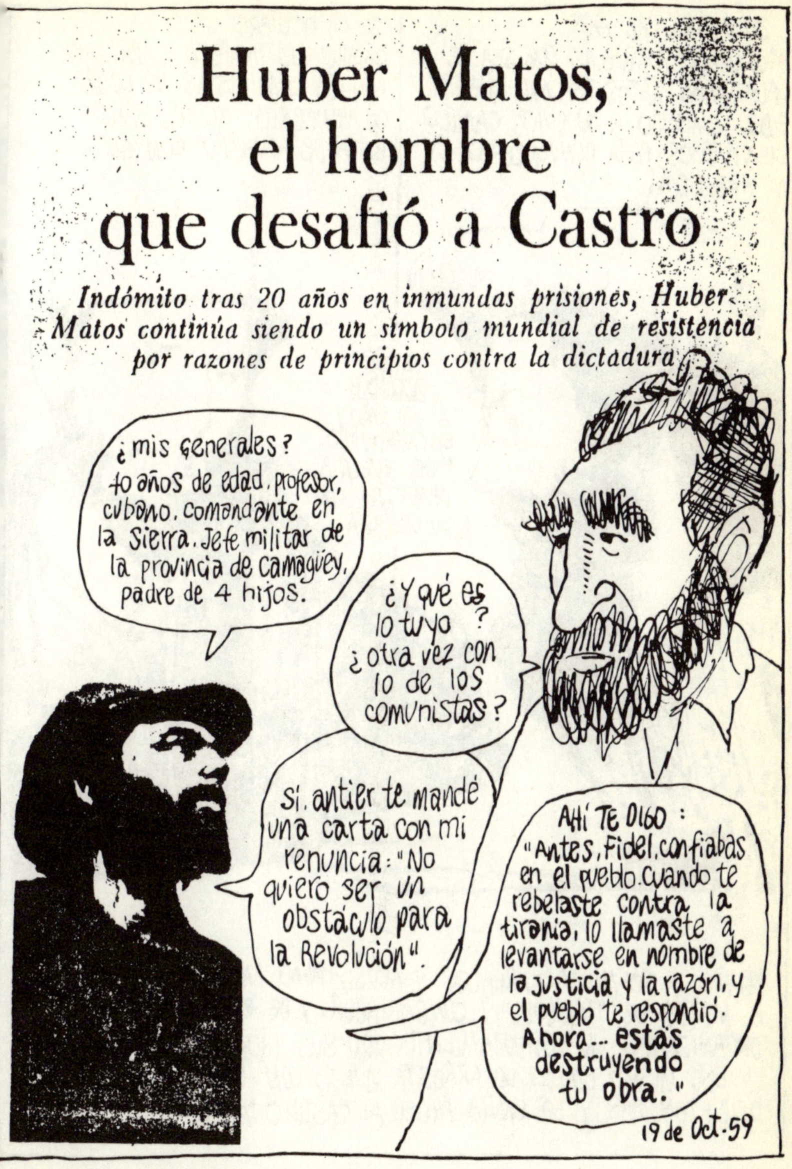
Huber Matos, el hombre que desafió a Castro
Indómito tras 20 años en inmundas prisiones, Huber Matos continúa siendo un símbolo mundial de resistencia por razones de principios contra la dictadura
¿mis generales? 40 años de edad, profesor, cubano, comandante en la Sierra. Jefe militar de la provincia de Camagüey, padre de 4 hijos.
¿Y qué es lo tuyo? ¿otra vez con lo de los comunistas?
Sí, antier te mandé una carta con mi renuncia: "No quiero ser un obstáculo para la Revolución".
AHÍ TE DIGO: "Antes, Fidel, confiabas en el pueblo. Cuando te rebelaste contra la tiranía, lo llamaste a levantarse en nombre de la justicia y la razón, y el pueblo te respondió. Ahora... estás destruyendo tu obra."
19 de Oct. 59

20 de octubre 1959
PREOCUPADO PORQUE, LO QUE SEA DE CADA QUIEN, MATOS ERA MUY QUERIDO, FIDEL LE MANDÓ A SU CUATE CAMILO CIENFUEGOS PARA CONVENCERLO DE NO RENUNCIAR...
20 de octubre
CAMILO, QUE TAMPOCO SIMPATIZABA CON LOS COMUNISTAS, NO LOGRA CONVENCERLO. AL CONTRARIO, ESTÁ DE ACUERDO CON ÉL...
21 de octubre
ALGO MUY ENCABRONADO, FIDEL VUELA A CAMAGÜEY CON SU ESCOLTA...
REUNIÓ A 20 MIL ACARREADOS Y ACUSÓ PÚBLICAMENTE A MATOS DE "TRAIDOR" Y CONSPIRADOR, Y DE ESTAR ORGANIZANDO UN LEVANTAMIENTO CON SUS TROPAS.
ESE MISMO DÍA 21, LO ARRESTA JUNTO CON OTROS 21 OFICIALES MÁS Y LO ENVÍA PRESO AL CASTILLO DEL MORRO...

Matos (a la izquierda) y Castro a su llegada triunfal a La Habana en enero de 1959. Inserto: Matos tras ser puesto en libertad en 1979.
CASTRO PIDIÓ FUSILARLO. A LO Q. SE OPUSIERON CAMILO, OLTUSKY, RAY, PAZOS, CRESCENCIO Y OTROS... ASÍ QUE LO JUZGARON SIN PODER DEFENDERSE Y LO CONDENARON A 20 AÑOS DE PRISIÓN, CON LA PROTESTA DE VARIOS CIENTOS DE SUS SOLDADOS, QUE FUERON EXPULSADOS "POR DEGENERADOS Y TRAIDORES" POR FIDEL.
MATOS PASÓ ESOS 20 AÑOS EN DISTINTAS PRISIONES, MAL ALIMENTADO, AISLADO, GOLPEADO Y TORTURADO. DURANTE CASI 9 AÑOS NO LE PERMITIERON RECIBIR VISITAS. 2 VECES LE "ORGANIZARON" SU FUGA PARA MATARLO... PERO FINALMENTE FIDEL LO PERDONÓ: UN DÍA ANTES DE CUMPLIR LA CONDENA, SALIÓ.
¿...Y EL CUBANÍSIMO CAMILO CIENFUEGOS?
.45 COLT'S

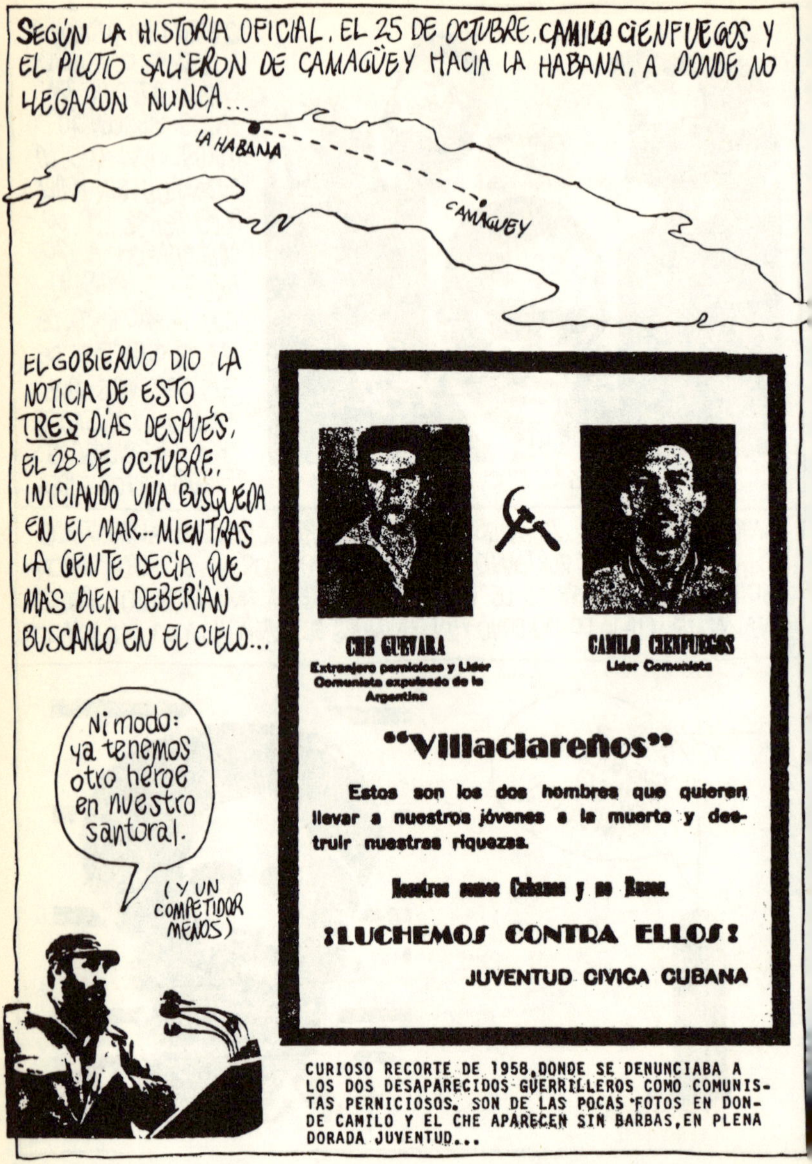
SEGÚN LA HISTORIA OFICIAL, EL 25 DE OCTUBRE, CAMILO CIENFUEGOS Y EL PILOTO SALIERON DE CAMAGÜEY HACIA LA HABANA, A DONDE NO LLEGARON NUNCA...
LA HABANA
CAMAGÜEY
EL GOBIERNO DIO LA NOTICIA DE ESTO TRES DÍAS DESPUÉS, EL 28 DE OCTUBRE, INICIANDO UNA BÚSQUEDA EN EL MAR... MIENTRAS LA GENTE DECÍA QUE MÁS BIEN DEBERÍAN BUSCARLO EN EL CIELO...
Ni modo: ya tenemos otro héroe en nuestro santoral.
(Y UN COMPETIDOR MENOS)
CHE GUEVARA
Extranjero pernicioso y Líder Comunista expulsado de la Argentina
CAMILO CIENFUEGOS
Líder Comunista
"Villaclareños"
Estos son los dos hombres que quieren llevar a nuestros jóvenes a la muerte y destruir nuestras riquezas.
Nosotros somos Cubanos y no Rusos.
¡LUCHEMOS CONTRA ELLOS!
JUVENTUD CIVICA CUBANA
CURIOSO RECORTE DE 1958, DONDE SE DENUNCIABA A LOS DOS DESAPARECIDOS GUERRILLEROS COMO COMUNISTAS PERNICIOSOS. SON DE LAS POCAS FOTOS EN DONDE CAMILO Y EL CHE APARECEN SIN BARBAS, EN PLENA DORADA JUVENTUD...

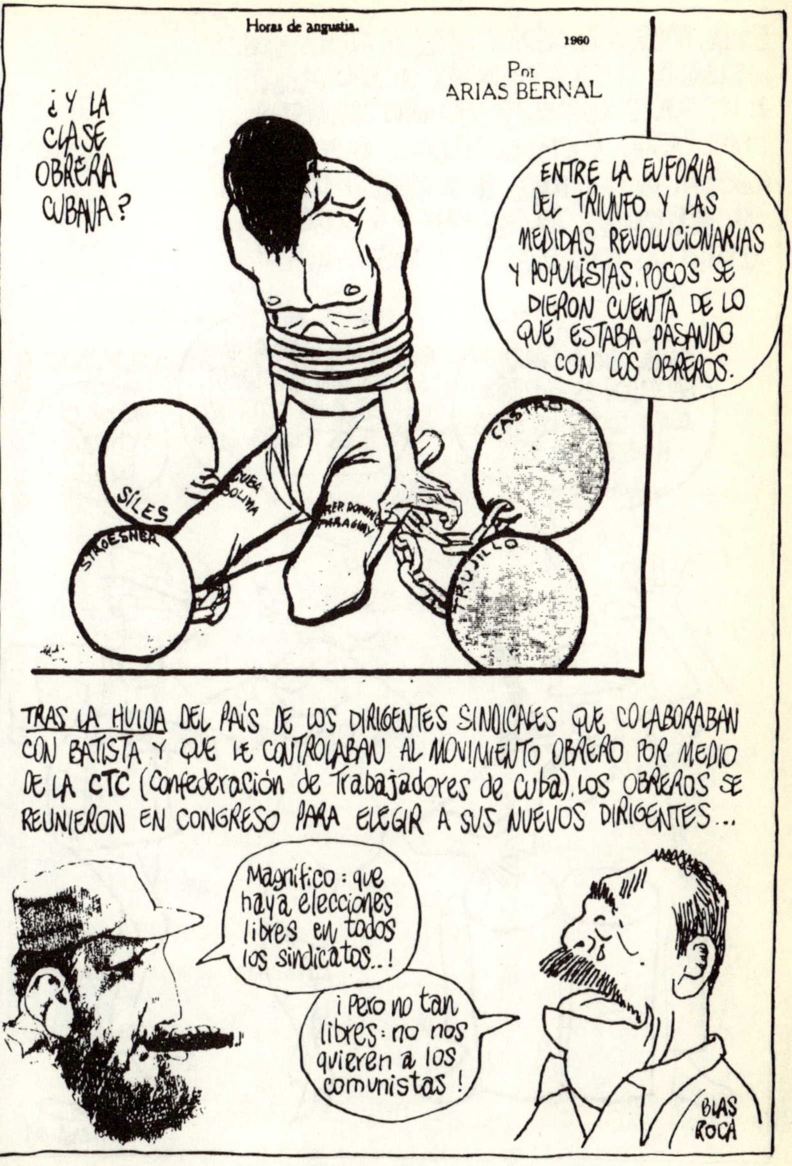

Horas de angustia.
1960
Por ARIAS BERNAL
¿Y LA CLASE OBRERA CUBANA?
ENTRE LA EUFORIA DEL TRIUNFO Y LAS MEDIDAS REVOLUCIONARIAS Y POPULISTAS, POCOS SE DIERON CUENTA DE LO QUE ESTABA PASANDO CON LOS OBREROS.
SILES
STROESNER
CASTRO
TRUJILLO
TRAS LA HUIDA DEL PAÍS DE LOS DIRIGENTES SINDICALES QUE COLABORABAN CON BATISTA Y QUE LE CONTROLABAN AL MOVIMIENTO OBRERO POR MEDIO DE LA CTC (Confederación de Trabajadores de Cuba). LOS OBREROS SE REUNIERON EN CONGRESO PARA ELEGIR A SUS NUEVOS DIRIGENTES...
Magnífico: que haya elecciones libres en todos los sindicatos..!
¡Pero no tan libres: no nos quieren a los comunistas!
BLAS ROCA

EN LAS PRIMERAS ELECCIONES LIBRES EN MUCHOS AÑOS, LOS OBREROS CUBANOS DESIGNARON A 3240 DELEGADOS, DE LOS CUALES ÚNICAMENTE 170 ERAN COMUNISTAS... ¡ FIDEL CASTRO MONTÓ EN CÓLERA ! NO SE PODÍA GOBERNAR UN PAÍS DONDE EL MOVIMIENTO OBRERO ERA INDEPENDIENTE DEL GOBIERNO Y SE DEDICABA A DEFENDER LAS CONQUISTAS DE LA CLASE OBRERA...!!
chico. ven acá. pero si DAVID SALVADOR es fidelista. como todos los otros líderes que elegimos...!
¿ qué le pasa al caballo que tanto amor les tiene hoy a los comuñangas ?
Yo no sé, chica, yo no sé.
LA HABANA-1964

EFECTIVAMENTE, LOS NUEVOS LÍDERES SINDICALES ERAN FIDELISTAS CIEN POR CIENTO, REVOLUCIONARIOS Y NACIONALISTAS, PERO TAMBIÉN OBRERISTAS Y SINDICALISTAS DECIDIDOS A DEFENDER A LA CLASE OBRERA.
Lo malo -para Fidel- es que no eran gente que se dejara controlar.
POR ESO PROMULGÓ LA LEY 647, LA LEY PUÑAL.
LEY 647
"EL MINISTERIO DEL TRABAJO, POR MEDIO DE SU TITULAR, PODRÁ DICTAR CUANTAS RESOLUCIONES TIENDAN A INTERVENIR CUALQUIER SINDICATO O FEDERACIÓN CUANDO LO ESTIME CONVENIENTE, ESTANDO FACULTADO ADEMÁS PARA DESTITUIR DIRIGENTES Y NOMBRAR SUS SUSTITUTOS..." COÑOOO !!!

¡NI EN EL PEOR DE LOS CAPITALISMOS SE ESTABLECIA QUE POR LEY SE INTERVENIA EN LOS ASUNTOS INTERNOS DE LOS SINDICATOS! (Y YA, 6 MESES ANTES, CASTRO HABIA SUSPENDIDO EL EJERCICIO DEL DERECHO DE HUELGA...!)
¿Dijeron DICTADURA DEL PROLETARIADO O CONTRA EL PROLETARIADO?
MEDIANTE ESA LEY Y OTRAS SIMILARES QUE RECUERDAN TRISTEMENTE AL NAZIONAL-SOCIALISMO, LOS LIDERES ELEGIDOS LIBREMENTE POR LOS OBREROS, FUERON POCO A POCO DEPUESTOS, ALGUNOS FUERON PRESOS, OTROS SE EXILARON Y TODOS FUERON SUSTITUIDOS POR FIELES FIDELISTAS Y PSP INCONDICIONALES...
EL ESTADO PASÓ A SUSTITUIR A LOS PATRONES, PERO TAMBIÉN A LOS SINDICATOS. EN EL NUEVO SISTEMA DE GOBIERNO "INVENTADO" POR FIDEL CALCANDO AL SOVIÉTICO, LOS SINDICATOS SÓLO SIRVEN COMO DECORACIÓN...
¡Ni en México con el otro Fidel...!

¿YA ME EMPIEZAS A EXTRAÑAR?
Debe haber un pequeño error: esto NO es lo que prometió Fidel...!
EL 5 DE ABRIL DE 1960, TROPAS DIRIGIDAS POR RAÚL CASTRO OCUPARON EL PALACIO DE LOS TRABAJADORES, SEDE DE LA CTC Y DAVID SALVADOR, SU LÍDER, FUE SUSTITUIDO POR UN PSP INCONDICIONAL DE FIDEL.
A PARTIR DE ESA FECHA SE ACABÓ LA LIBERTAD SINDICAL Y LAS CONQUISTAS OBRERAS LOGRADAS EN 50 AÑOS DE LUCHA...
SÍ, ESTE FIDEL ACABÓ CON LOS PATRONES...
PERO TAMBIÉN ACABÓ CON LOS OBREROS.
REVOLUCIÓN
PROGRESO SOCIAL
(EN CUBA LA CLASE OBRERA TENÍA LOGRADAS UNA SERIE DE CONQUISTAS QUE PERDIÓ CON LA REVOLUCIÓN →)

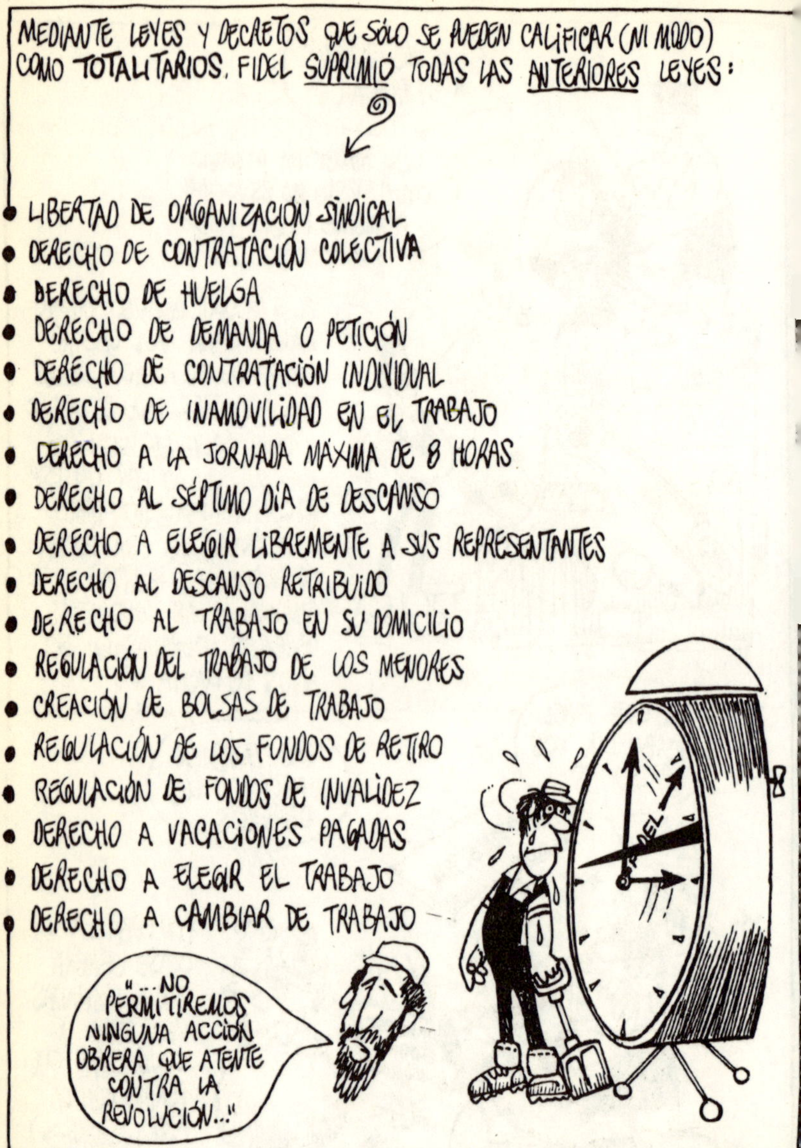
MEDIANTE LEYES Y DECRETOS QUE SÓLO SE PUEDEN CALIFICAR (NI MODO) COMO TOTALITARIOS, FIDEL SUPRIMIÓ TODAS LAS ANTERIORES LEYES:
• LIBERTAD DE ORGANIZACIÓN SINDICAL
• DERECHO DE CONTRATACIÓN COLECTIVA
• DERECHO DE HUELGA
• DERECHO DE DEMANDA O PETICIÓN
• DERECHO DE CONTRATACIÓN INDIVIDUAL
• DERECHO DE INAMOVILIDAD EN EL TRABAJO
• DERECHO A LA JORNADA MÁXIMA DE 8 HORAS
• DERECHO AL SÉPTIMO DÍA DE DESCANSO
• DERECHO A ELEGIR LIBREMENTE A SUS REPRESENTANTES
• DERECHO AL DESCANSO RETRIBUIDO
• DERECHO AL TRABAJO EN SU DOMICILIO
• REGULACIÓN DEL TRABAJO DE LOS MENORES
• CREACIÓN DE BOLSAS DE TRABAJO
• REGULACIÓN DE LOS FONDOS DE RETIRO
• REGULACIÓN DE FONDOS DE INVALIDEZ
• DERECHO A VACACIONES PAGADAS
• DERECHO A ELEGIR EL TRABAJO
• DERECHO A CAMBIAR DE TRABAJO
"...NO PERMITIREMOS NINGUNA ACCIÓN OBRERA QUE ATENTE CONTRA LA REVOLUCIÓN..."
FIDEL

"LOS MEDIOS DE DIVULGACIÓN DE LAS IDEAS. RADIO, TV, PRENSA, ESTABAN AHÍ AL SERVICIO DE ESOS INTERESES, DE ESOS PRIVILEGIOS, PARA IMPEDIR QUE EN EL PUEBLO SE CREARA UNA CONCIENCIA DE LA NECESIDAD DE MEDIDAS Y LEYES JUSTAS... ¡AH, Y PARA TERMINAR EL CONTROL, IMPIDIERON QUE LOS CAMPESINOS SE ORGANIZARAN Y LE IMPUSIERON A LOS TRABAJADORES EL CONTROL MEDIANTE UNA DIRIGENCIA PATRONAL, DE MANERA DE TOMARLE A LAS CLASES HUMILDES SU ÚLTIMO REDUCTO CON EL CUAL PODÍAN DEFENDERSE: SU ORGANIZACIÓN OBRERA...!"
JULIO DE 1960 POR TELEVISIÓN
Se equivocan quienes crean que Fidel, dueño ya de todos los medios y todos los sindicatos y todos los partidos y todas las escuelas, se estaba haciendo la autocrítica. (No: hablaba de Batista)
¡No importa perder un poquito de libertad, con tal de tener un Rey como Fidel!
¿ALGUIEN DUDARÍA DEL HÉROE NACIONAL Y SALVADOR DE CUBA?

Y LA GENTE CUBANA CANTABA, CONFIANDO EN EL COMANDANTE:
♪ Si las cosas de Fidel
son cosas de comunista,
que me pongan en la lista
que estoy de acuerdo con él... ♪
*
* CANCIÓN DE CARLOS PUEBLA, QUIEN MURIO DECEPCIONADO DE LAS COSAS DE FIDEL.

¿SE ESTABA CREANDO EN CUBA OTRA VEZ EL GOBIERNO DE UN SOLO HOMBRE?
¿Y LAS ELECCIONES QUE PROMETIÓ FIDEL...?
BAH: TAMBIÉN PROMETIÓ CAMBIAR LA CAPITAL A SANTIAGO DE CUBA, Y NADA.
POR NINGÚN LADO SE VEÍA CUÁNDO Y CÓMO SE VOLVERÍA A UN GOBIERNO DEMOCRÁTICO, SI TODO SE ESTABA HACIENDO POR LA VOLUNTAD DE FIDEL...
SÍ, YO PROMETÍ ELECCIONES, PERO NO DIJE EXACTAMENTE CUÁNDO... ¡Y COMO SALEN TAN CARAS, HAY QUE AHORRÁ!
¿QUIÉN NOMBRÓ A FIDEL COMANDANTE EN JEFE DEL EJÉRCITO REBELDE? ¿QUIÉN NOMBRÓ PRESIDENTE A MANUEL URRUTIA Y PRIMER MINISTRO A JOSÉ MIRÓ CARDONA? ¿QUIÉN QUITÓ A LOS VIEJOS GOBERNADORES Y NOMBRÓ A LOS NUEVOS GOBERNADORES? → UNA SOLA PERSONA: FIDEL.

"...hoy el pueblo tiene a un Magistrado honorable de Presidente de la República...analicen uno por uno los ministros del Gobierno Revolucionario y díganme si hay algún ladrón,algún criminal. Si el equipo gobernante que está en este momento NO ACIERTA, tiempo tendrá el pueblo de botarlo en las elecciones,porque aquí se acabaron para siempre los golpes de Estado... Hay un Presidente que está seguro en el poder y sabe que no lo amenaza ningún peligro; el Presidente de la República está consolidado,reconocido ya por casi todas las naciones,cuenta con el respaldo personal de todos nosotros y del pueblo en general..."

Fidel Castro/8 de enero de 1959/Campamento Columbia

AL DARSE CUENTA MIRÓ CARDONA DE SU PAPEL DECORATIVO EN UN GOBIERNO DONDE FIDEL LO DECIDÍA TODO, RENUNCIÓ SIN CUMPLIR UN MES COMO 1er MINISTRO..
mejor que se ponga él, que yo me voy, que yo me voy, sí, que yo..

FIDEL ACEPTÓ LA SUGERENCIA Y ORDENÓ A URRUTIA QUE LO NOMBRARA.

El 16 de febrero de 1959 Fidel Castro fue nombrado Primer Ministro por el Presidente Urrutia.Esto fue algo de lo que dijo.

"..los cargos como cargos,no me importan;los honores,como honores,no me importan.Estaré aquí mientras la máxima autoridad de la República,que es el Presidente,lo estime pertinente, y mi conciencia me diga que soy útil. Está de más reafirmar mi respeto a la jerarquía,mi ausencia de ambiciones personales, mi lealtad a los principios,mi firme y profunda convicción democrática...Yo no soy un aspirante a la Presidencia de la República y ojalá que no tenga necesidad de aspirar a la Presidencia de la República y se escoja entre los muchos cubanos que tienen más méritos y capacidad suficiente para ello."

"..no queremos líderes que se pongan a gritar consignas demagógicas,porque eso no es revolucionario.."

este Fidel ya debe de tener callos en la lengua.coñoooo..
GRACIAS FIDEL

URRUTIA, EL MAGISTRADO Q. HABÍA DEFENDIDO A LOS ATACANTES DEL MONCADA, SE OPONÍA A SEGUIR LOS CAPRICHOS DE FIDEL Y SU ONDA COMUNISTOIDE.
(HASTA SE CREE QUE ES PRESIDENTE..) TENDRÉ QUE ORGANIZARLE UN SHOW PARA QUE SEPA QUIÉN MANDA EN CUBA.
Y VEAN USTEDES CÓMO DESHACERSE DE UN PRESIDENTE SIN LLEGAR A LOS GOLPES (de Estado) →
16 de Julio de 1959
PRIMER ACTO:
Fidel manda publicar en su periódico REVOLUCIÓN su RENUNCIA como Primer Ministro "porque Urrutia bloquea las leyes revolucionarias.." (RADIO Y TV LO REPITEN).
SEGUNDO ACTO
Fidel se desaparece tras ordenar el acarreo (AL PURO ESTILO PRI) de miles de campesinos a La Habana.
TERCER ACTO
El 17 de Julio Fidel convoca a una reunión del Gabinete en Palacio, ya rodeado de una muchedumbre, mientras él pronuncia un discurso contra Urrutia por televisión.
CUARTO ACTO (gran Final)
La multitud ruge pidiéndole a Fidel que no renuncie él, sino Urrutia.
¡EL FASCISMO-LENINISMO HABÍA LLEGADO A CUBA PARA QUEDARSE...

UNA DEMOCRACIA DIRECTA EN ESTRECHO CONTACTO CON EL PUEBLO

← DEL LIBRO DE DON FERNANDO BENITEZ. LIDIANDO HOY CON BALSEROS EN LA DOMINICANA

AUNQUE ALGUNOS - MAL ENTERADOS - QUISIMOS VER ESE TEATRO QUE SE INICIABA COMO UNA NUEVA FORMA DE GOBERNAR. COMO **UNA** NUEVA DEMOCRACIA QUE OÍA AL PUEBLO Y OBEDECÍA SU VOLUNTAD (del pueblo, no de Fidel Mussolini Castro)...

URRUTIA, A PUNTO DE SER LINCHADO POR EL "PUEBLO", PIDIÓ ASILO POLÍTICO EN UNA EMBAJADA, Y FIDEL NOMBRÓ PRESIDENTE A UN ABOGADO DE CIENFUEGOS SIMPATIZANTE DEL COMUNISMO: OSVALDO DORTICÓS (a) CUCHARITA...
ven acá, ¿y por qué me dicen CUCHARITA?
CHICO, PORQUE NI PINCHAS NI CORTAS..
(DORTICÓS, BUEN AMIGO Y HOMBRE HONESTO. ACABARÁ POR SUICIDARSE EN 1976)
Y FIDEL, FÁCIL Y SIN DISPARAR NI UN TIRO, EL 26 DE JULIO DE 1959 TOMA EL PODER.
CON EL TIEMPO Y SIN ELECCIONES, SERÁ
• PRIMER MINISTRO
• PRESIDENTE de la REPÚBLICA
• PRIMER SECRETARIO DEL PARTIDO COMUNISTA
• COMANDANTE EN JEFE
• PRESIDENTE DEL CONSEJO DE MINISTROS
• Y NO ME ACUERDO QUÉ MÁS.
LURIE.

CHICO, TE OLVIDASTE MI CHAMBA PRINCIPAL: ENEMIGO Nº UNO DEL IMPERIALISMO YANQUI.. !!!
ROBB
CUBA
PERDÓN, COMANDANTE, OLVIDABA QUE, TRAS UN BOMBARDEO DE LA AVIACIÓN BATISTIANA A LA SIERRA, ESCRIBIÓ A CELIA SÁNCHEZ ESTAS PALABRAS:
"He jurado que los americanos van a pagar caro lo que están haciendo. Cuando termine esta guerra comenzará otra mucho más amplia y mayor para mí: la guerra que voy a librar contra ellos. Comprendo que éste va a ser mi verdadero destino..."
5 de Junio de 1958

TENDRÁS QUE IRTE, MI SOCIO: NO CABEMOS LOS TRES..
(AL RATO YO TAMBIÉN ME IRÉ..)
¿ES CORRECTO DECIR QUE LOS ESTADOS UNIDOS EMPUJARON A FIDEL AL COMUNISMO..?
¿O ES MÁS VERAZ DECIR QUE FIDEL SE VOLVIÓ COMUNISTA PARA ENFRENTAR A ESTADOS UNIDOS?

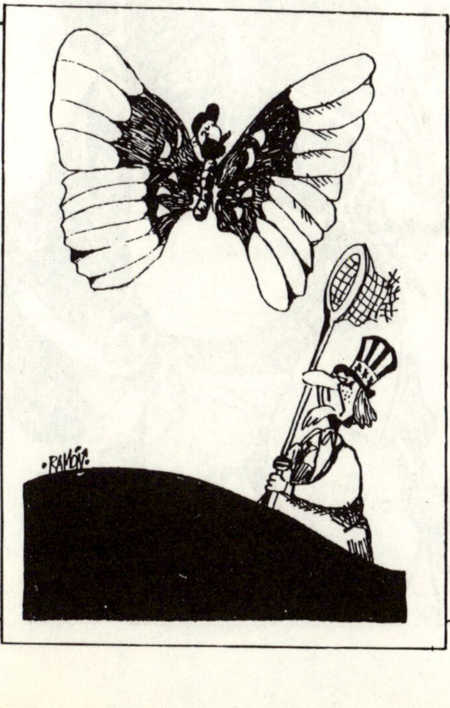
RAMÓN

¡VOY A ACABAR CONTIGO!
LA PELEA QUE TERMINÓ EN DIVORCIO VOLUNTARIO POR AMBAS PARTES, SE INICIÓ POR EL DISGUSTO QUE LE CAUSÓ AL TÍO SAM EL COMPORTAMIENTO DE LA REVOLUCIÓN. (o de Fidel, mejor dicho...)

CUANDO SE VIO QUE FIDEL INICIABA EL SEXENIO MÁS LARGO DE LA HISTORIA, QUE DIRÍA MAGÚ, Y SE VIO EL ESTILO AUTORITARIO QUE SE TRAÍA, SE VIO LA VERDADERA RAZÓN DE SU PREFERENCIA POR HACER UN RÉGIMEN COMUNISTA:
– EN UN RÉGIMEN DEMOCRÁTICO YA ME HUBIERAN BOTADO ANTES DE NAVIDAD...
AÉ AÉ (CON TODO Y FAMILIA...)
SIN EMBARGO, ERA TAL SU POPULARIDAD QUE INCLUSO EN ELECCIONES DERECHAS (NO TIPO PRI), FIDEL HUBIERA RESULTADO TRIUNFADOR EN 1959.
– PERO ES OBVIO QUE NADIE HUBIERA VOTADO SU REELECCIÓN... 10 AÑOS DESPUÉS.

YO CASTRO

DE AHÍ QUE SUS PRIMERÍSIMAS MEDIDAS HAYAN SIDO 2

1- FUSILAR AL EJÉRCITO
2- PROHIBIR LOS PARTIDOS POLÍTICOS
3- "OLVIDARSE" DE HACER ELECCIONES
4- DISOLVER EL SENADO Y EL CONGRESO
5- DESAPARECER EL PODER JUDICIAL
6- DESHACERSE DE LOS ALIADOS EN LA LUCHA (INCLUYENDO LA BURGUESÍA ANTIBATISTIANA Y CUBANA).

¡APRENDIÓ BIEN RÁPIDO EL MACHISMO-LENINISMO EL COMPAÑERO..!

****

TODAS ESAS "BOBERÍAS" LE HUBIERAN IMPEDIDO EJERCER EL UNIPERSONAL PODER QUE LE HA PERMITIDO CONVERTIR A CUBA EN EL "ENEMIGO NÚMERO UNO DE ESTADOS UNIDOS" (QUE ES LO ÚNICO QUE HA LOGRADO CON ÉXITO EN 35 AÑOS...)

ESTO YA NO ME ESTÁ GUSTANDO NADA!
EMPIEZAN A PERDERME EL RESPETILLO, Y ESO NO ESTÁ BIEN!
HA LLEGADO LA HORA DE DEMOSTRA QUIÉN ES EL AMO!
AHÍ VAN ESAS PEQUEÑAS PEDRADAS
QUEMA DE CAÑAVE RALES CUBANO
A REFINAR
RESTRICCIÓN DE LA CUOTA AZUCARERA
JE JE
CREO QUE CON ESO ES SUFICIENTE.. JE-JE AHORA A ESPERAR LOS RESULTADOS...
ZOC
AY
QUE QUÉ!
CONFISCACIÓN DE LAS COMPAÑÍAS GRINGAS
NACIONALIZACIÓN DE LOS BANCOS GRINGOS
ZOC!
GUA!

← HELIO FLORES LA GARRAPATA / 1969

ES OBVIO QUE AL TÍO SAM NO LE GUSTÓ QUE UN PAÍS QUE HABÍA ESTADO SUBORDINADO EN TODO A SUS INTERESES, SE DECIDIERA A ATACARLO AL AFECTAR ESOS INTERESES, CONFISCANDO "SUS" TIERRAS PARA LA REFORMA AGRARIA Y OPTANDO POR UN SISTEMA DE GOBIERNO DIFERENTE.

NEURITIS AGUDA

HELGUERA
M ¿MINA?
AUTO DETER MINA CION

PERO TAMBIÉN (HOY) RESULTA OBVIO QUE FIDEL EXAGERÓ UN POQUITO LA NOTA, AL CONVERTIR A CUBA EN UNA BASE MILITAR CON COHETES SOVIÉTICOS QUE PODÍAN ACABAR CON MIAMI, DALLAS, WASHINGTON Y FALFURRIAS, TEXAS...
¿POR QUÉ TUVO QUE LLEGAR EL TÍO A PATROCINAR UNA INVASIÓN Y BLOQUEAR A CUBA?
US
¡ÉL COMENZÓ PRIMERO: ME ROBÓ MIS COMPAÑÍAS!
¡MENTIRAS! ÉL EMPEZÓ, AL ASILAR CRIMINALES DE GUERRA Y HACERNOS SABOTAJES!
Naranjo
LA MISMA CIA QUE EN 1958 AYUDÓ A CASTRO CON ARMAS Y DINERO, ESTABA, EN 1959, AYUDANDO CON ARMAS Y DINERO, A LOS OPOSITORES DE CASTRO, PARA QUE NO COMUNIZARA CUBA.

OH PUES.. !
¿QUÉ TENER ÉSTO DE MALO ?
CUBA

LO QUE SEA DE CADA QUIEN, LOS DOS TIENEN SU RAZÓN Y SU CULPA: LOS GRINGOS POR SU PREPOTENCIA Y MIOPIA CRÓNICA, Y FIDEL POR QUERER PONERSE CON SANSÓN A LAS PATADAS Y SU FALSO ORGULLO.

FIDEL, FIDEL, ¿QUÉ TIENE FIDEL? QUE LOS AMERICANOS NO PUEDEN CON ÉL.

¿NO PUDE O NO QUISE?
GIRON

PARA QUE NO SE DIGA QUE SOMOS PARCIALES, EL PRÓXIMO CAPÍTULO VA DEDICADO A OÍR A LOS DOS EN SUS QUERELLAS...

CHAPTER 3

de cómo Fidel Castro Ruz les declaró la guerra tibia a los Estados Unidos o la teoría de que vale más ser cabeza de ratón que cola de león

¿O DE OSO?
IMPOSIBLE: LOS OSOS NO TIENEN COLA QUE LES PISEN.

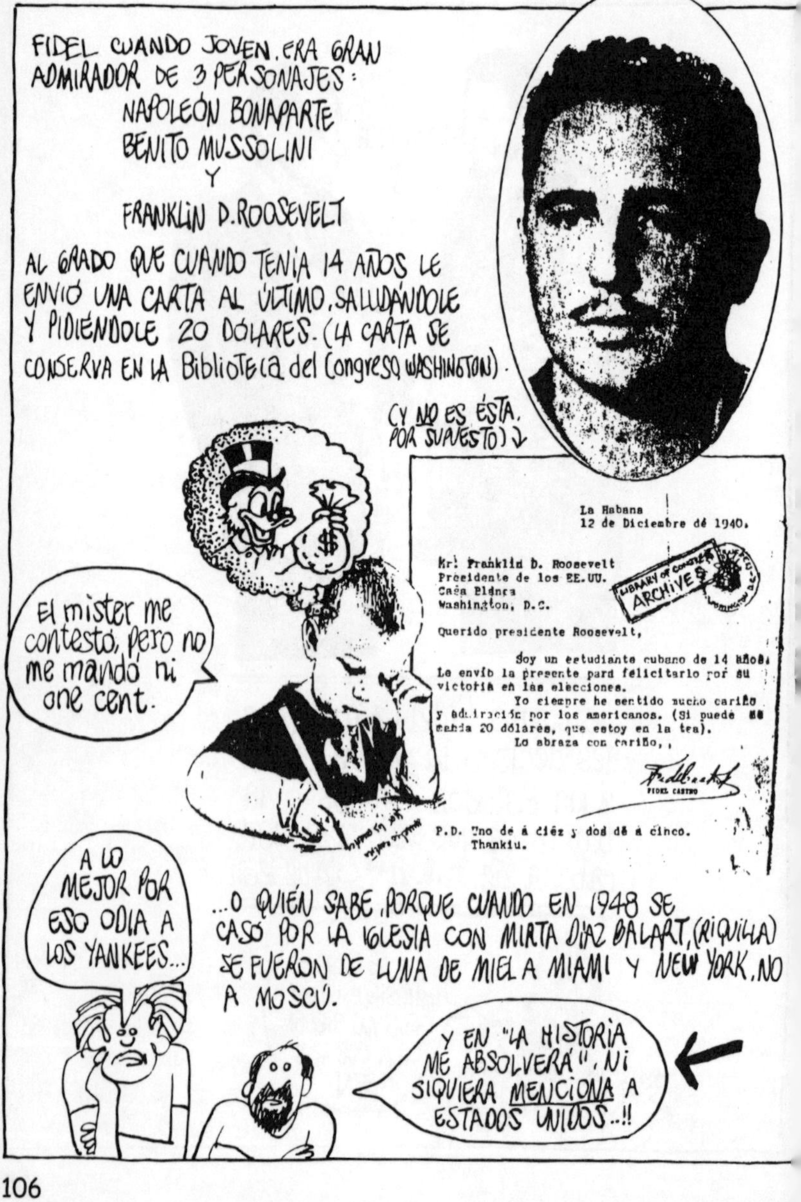

FIDEL CUANDO JOVEN, ERA GRAN ADMIRADOR DE 3 PERSONAJES:
NAPOLEÓN BONAPARTE
BENITO MUSSOLINI
Y
FRANKLIN D. ROOSEVELT
AL GRADO QUE CUANDO TENÍA 14 AÑOS LE ENVIÓ UNA CARTA AL ÚLTIMO, SALUDÁNDOLE Y PIDIÉNDOLE 20 DÓLARES. (LA CARTA SE CONSERVA EN LA Biblioteca del Congreso WASHINGTON).
(Y NO ES ÉSTA, POR SUPUESTO)
La Habana
12 de Diciembre dé 1940.
Mr! Franklin D. Roosevelt
Presidente de los EE.UU.
Casa Blanca
Washington, D.C.
LIBRARY OF CONGRESS ARCHIVES
Querido presidente Roosevelt,
Soy un estudiante cubano de 14 años. Le envío la presente para felicitarlo por su victoria en las elecciones.
Yo siempre he sentido mucho cariño y admiración por los americanos. (Si puede me manda 20 dólares, que estoy en la tea).
Lo abraza con cariño,
FIDEL CASTRO
P.D. Uno de a diez y dos de a cinco.
Thankiu.
El mister me contestó, pero no me mandó ni one cent.
A LO MEJOR POR ESO ODIA A LOS YANKEES...
...O QUIÉN SABE, PORQUE CUANDO EN 1948 SE CASÓ POR LA IGLESIA CON MIRTA DÍAZ BALART, (RIQUILLA) SE FUERON DE LUNA DE MIEL A MIAMI Y NEW YORK, NO A MOSCÚ.
Y EN "LA HISTORIA ME ABSOLVERÁ", NI SIQUIERA MENCIONA A ESTADOS UNIDOS..!!

Y en su hoy oculto MANIFIESTO-PROGRAMA DEL MOVIMIENTO 26 DE JULIO, Fidel declaraba:
"EN CUANTO A DEMOCRACIA EL M-26 CONSIDERA AÚN VÁLIDA LA FILOSOFÍA JEFFERSONIANA Y SUSCRIBE A PLENITUD LA FORMULA LINCOLN DE "GOBIERNO DEL PUEBLO, POR EL PUEBLO Y PARA EL PUEBLO"...
UNITED STATES OF AMERICA WAR OFFICE
"CUANTO A LAS RELACIONES DE CUBA CON ESTADOS UNIDOS, EL M-26 FORMULA SU DOCTRINA DE LA AMISTAD CONSTRUCTIVA. POR ÉSTA SE ENTENDERÁ UNA NORMA ÉTICA DE TRATAMIENTO MUTUO, SOBRE TODO EN LAS ÁREAS ECONÓMICA Y CULTURAL..."
Abraham Lincoln
(sin barbas, como Fidel en 56)
"RESULTA YA IMPROPIO EN AMÉRICA EL VOCABLO "IMPERIALISMO"; PERO SUBSISTEN TODAVÍA FORMAS DE PENETRACIÓN ECONÓMICA, ACOMPAÑADAS GENERALMENTE DE INFLUENCIA POLÍTICA... QUE CAUSAN IRREPARABLE DAÑO AL PAÍS Q-LAS SUFRE."
"...CUBA PODRÁ SER... ALIADA FIEL DEL GRAN PAÍS DEL NORTE Y A LA VEZ CONSERVAR INCÓLUME LA CAPACIDAD DE ORIENTAR SU PROPIO DESTINO."!.
NOV-DE 1956
(Fidel no se notaba muy anti-gringo que digamos.)

SI BIEN EN LA HISTORIA DE CUBA LOS UNITED STATES NUNCA JUGARON UN BUEN PAPEL, EN CUBA NO SE LES VEÍA TAN MAL COMO EN OTROS PAÍSES DE A. LATINA, DONDE HAY TODAVÍA FUERTÍSIMOS SENTIMIENTOS ANTIYANQUIS...
CUBA
Tío de Mala Fe
CONSTITUCION
10 DE MARZO
..Y EN EL BATISTIANO GOLPE DEL 10 DE MARZO DE 1952, NO SE HAN ENCONTRADO TODAVÍA PRUEBAS DE LA MANO DE LA CIA O DEL PENTÁGONO.. PERO SÍ DEL APOYO OFICIAL-USA AL GOBIERNO BATISTA.
APOYO QUE CESÓ EN CUANTO EN WASHINGTON SE DIERON CUENTA QUE ERA MEJOR APOYAR AL HÉROE ROMÁNTICO DE LA SIERRA - QUE ADEMÁS NO PARECÍA ANTIYANQUI - QUE AL DESPRESTIGIADO Y TORPE (Y MULATO) GENERAL...
¡ARMAS, NECESITO MÁS ARMAS!
GOOD-BYE, MÍ YA NO NECESITAR A TÍ...

CONFIABA WASHINGTON (INCLUIDA LA CIA) EN LAS DECLARACIONES DE FIDEL Y SUS PROMESAS DE HACER UNA DEMOCRACIA HUMANISTA, PERO EL CABALLO ENGAÑÓ A TODOS (INCLUYENDO A LOS CUBANOS). (AUNQUE AL FINAL ACABÓ ENGAÑÁNDOSE A SÍ MISMO.)

REPUBLICA DE CUBA
DIEZ
DECLARACIÓN DE LA HABANA
10
PESOS
ESTE BILLETE TIENE CURSO LEGAL Y FUERZA LIBERATORIA ILIMITADA DE ACUERDO CON LA LEY PARA EL PAGO DE TODA OBLIGACION CONTRAIDA O A CUMPLIR EN EL TERRITORIO NACIONAL

LOS PRIMEROS CONFLICTOS ENTRE WASHINGTON Y FIDEL SE DIERON:

↓

POR LOS FUSILAMIENTOS DE LOS GENERALES Y POLICÍAS BATISTIANOS

↓

POR LA CLAUSURA DE TODOS LOS PERIÓDICOS Y REVISTAS Y LA PERSECUCIÓN A PERIODISTAS AMERICANOS

↓

POR EL ASILO OTORGADO EN USA A CRIMINALES DE GUERRA Y A POLITICONES CORRUPTOS Y RATAS

↓

POR LA PATADA EN EL TRASERO A LA MISIÓN MILITAR YANQUI.

CUBA
LIBRE

TODOS ESTOS ACONTECIMIENTOS SE DIERON ANTES DEL VIAJE QUE HICIMOS YO Y FIDEL A ESTADOS UNIDOS, YO INVITADO POR EL STATE DEPARTMENT Y FIDEL POR LOS EDITORES DE PERIÓDICOS NORTEAMERICANOS (el 15 de abril de 1959 llegamos los dos a Washington D.C.) (CADA QUIEN POR SU LADO, CLARO)
NO, CREO QUE NO ES FIDEL CASTRO RIUS..
EXIT
"Hemos dicho bien claramente que no somos comunistas.." repito, pero in inglish:
EL VIAJE -NO OFICIAL- FUE PLANEADO PARA a) HACERSE PUBLICIDAD b) HACERSE DE APOYO POLÍTICO Y FINANCIERO. (Fidel, no yo.)
chico, vamo a vel cómo es el Monstruo por dentro..

"Nuestra revolución practica el principio democrático, por una democracia humanista. Humanismo quiere decir que para satisfacer las necesidades materiales del hombre no hay que sacrificar los anhelos más caros del hombre, que son sus libertades; y que las libertades más esenciales del hombre nada significan si no son satisfechas también sus necesidades materiales... Ni pan sin libertad, ni libertades sin pan; ni dictaduras del hombre, ni dictaduras de castas, ni oligarquía de clases; libertad con pan, sin terror; eso es humanismo."

Fidel Castro/ 22 abril 1959/ Central Park, NY.

SIGO AQUÍ OTRA SEMANA Y ME ELIGEN ALCALDE DE NEW YORK.

CASTRO SE GANÓ AL PUEBLO GRINGO CON SU CAMPECHANÍA Y DESPLANTES.

EL GABINETE ECONÓMICO QUE LLEVÓ CONSIGO, QUE IBA PREPARADO PARA ACEPTAR CUALQUIER AYUDA ECONÓMICA –QUE LOS USA ESTABAN PUESTOS PARA OTORGARLA– VIAJÓ DE BALDE...

¿No los quisieron ayudar?
Sí, pero Fidel nos ordenó no aceptar.

A TODAS LUCES PARECÍA QUE FIDEL NO QUERÍA NADA CON ESTADOS UNIDOS... ¿POR QUÉ ESE CAMBIO?

PESE A NO SER VISITA OFICIAL, FUE RECIBIDO POR EL SRIO. DE ESTADO (Fidel, no yo) Y TUVO 2½ HORAS DE PLÁTICA CON EL VICEPRESIDENTE NIXON...
"Mi primera impresión es que Castro es un joven idealista y nada práctico. He conocido a otros líderes-Nkrumah, Sukarno.. y todos son mujeriegos y demagogos. Es increíblemente ingenuo con relación al comunismo, o está bajo la disciplina comunista..."
SALIENDO, COMENTÓ FIDEL AL DIRECTOR DE BOHEMIA: "Ese hijo de puta me trató mal y va a pagarlo muy caro.."/ DESPUÉS, REGRESÓ A CUBA Y SIEMPRE HA DICHO Q. LOS GRINGOS NO QUISIERON AYUDARLO...
¡NO LE HACE: LES QUITAMOS SUS TIERRAS Y SIN PAGÁRSELAS..!
HASTA HOY NADIE HA COBRADO LOS FAMOSOS BONOS...
REFORMA AGRARIA
LATIFUNDISTA
AL FIN, COMPAY!
REFORMA AGRARIA
VIVA LA REFORMA AGRARIA
AL DECRETAR LA 1era REFORMA AGRARIA CON LA EXPROPIACIÓN DE LOS GRANDES LATIFUNDIOS GRINGOS, FIDEL ESTABA DECLARANDO LA GUERRA A WASHINGTON, Y MUCHOS CREEN QUE ÉSA FUE LA FINALIDAD DE LA REFORMA...

PROVOCAR EL ROMPIMIENTO CON ESTADOS UNIDOS...
"La Reforma Agraria estableció verdaderamente una ruptura entre la Revolución y los sectores más ricos y privilegiados, y una ruptura con los Estados Unidos..." Fidel
ENTRO EN VIGOR LA LEY DE REFORMA AGRARIA
PROPIEDAD DE LA TIERRA A CIEN MIL ARRENDATARIOS
SÍ PUES, PORQUE LOS ESTADOS UNIDOS PODÍAN AGUANTAR MENTADAS DE MADRE, DISCURSOS EN SU CONTRA, PATADAS A SUS CIUDADANOS, INSULTOS A SU EMBAJADOR, PERO **NO** EL DESPOJO "REVOLUCIONARIO" DE LOS LATIFUNDIOS (enormes) Q. TENÍA EN CUBA...
¡CUBA NO ES GUATEMALA!
CASTRO TEMÍA QUE ESTADOS UNIDOS REPITIERA LO DE GUATEMALA (1954) CUANDO PATROCINÓ UNA INVASIÓN PARA IMPEDIR LA REFORMA AGRARIA DEL PRESI ARBENZ.
→ PREVIÉNDOLO, CASTRO SE ARMÓ HASTA LOS DIENTES CON EL CRÉDITO DE LA URSS & ASOC.

EL CABALLO YA LO TIENE TODO CALCULADO: LES DECLARAMOS LA GUERRA A LOS GRINGOS, NOS ALIAMOS CON LOS RUSOS, LES GANAMOS LA GUERRA SI NOS INVADEN, LUEGO INVADIMOS MIAMI Y NOS LA QUEDAMOS PA' NOSOTROS.
...LO DIRÁN EN BROMA, PERO ASÍ PENSABA CASTRO.
INGRESANDO CASTRO AL CLUB DE TOBY JRUSCHOV, SE HACÍA DE UNA IDEOLOGÍA, UN SISTEMA SOCIAL Y ECONÓMICO Y UN SOCIO MILITAR Y FINANCIERO. (CON BREZHNEV FUE PEOR.)
BUENO, ESTA FICHA SERÍA NICARAGUA, ESTA EL SALVADOR Y ÉSTA, HONDURAS.
(hasta orita, lo único que funcionó fue la INVASIÓN A MIAMI...)
DOMINOES

LA RESPUESTA OBVIA DE ESTADOS UNIDOS NO FUE INVADIR CUBA (TODAVÍA). PERO SÍ REDUCIRLE LA CUOTA AZUCARERA CON LA QUE FAVORECÍA A CUBA, PAGÁNDOLA A MUY BUEN PRECIO...
YA NO PAGARTE A 5.22 LA LIBRA: A VER QUIÉN TE LA COMPRAR AL PRECIO DEL MERCADO.
EN EL MERCADO MUNDIAL PAGAN SÓLO 2.90 LA LIBRA. JUAR, JUAR.
¡GROSERO! SI TÚ NO LE COMPRAS SU AZÚCAR, YO SÍ-SE-LA-COMPRO ¡¡Y ME HAGO CARGO DE ÉL DE AQUÍ EN ADELANTE..!
LA POSTERIOR CANCELACIÓN DE LA CUOTA REPRESENTÓ UNA PÉRDIDA ENORME PARA CUBA, PUES LA URSS Y CHINA SÓLO LE PAGARON 2.78 DÓLARES X LIBRA (Y NI SIQUIERA EN DIVISAS).
5.22 - 2.78 $2.44 MENOS POR LIBRA!!
*EN REALIDAD EL PRESIDENTE ERA EISENHOWER TODAVÍA.

SIN EMBARGO Y PESE A LAS ADVERTENCIAS DE SUS ECONOMISTAS Q. AUGURABAN UN DESASTRE SI SEGUÍA PELEÁNDOSE CON LOS ESTADOS UNIDOS —SU CLIENTE NATURAL—, CASTRO RESPONDIÓ NACIONALIZANDO TODAS LAS COMPAÑÍAS GRINGAS Y PRESENTANDO LA PÉRDIDA DE LA CUOTA COMO UN **TRIUNFO DE LA REVOLUCIÓN**, CALLANDO ADEMÁS QUE LA URSS PAGARÍA MENOS QUE LOS USA, Y MENOS DEL PRECIO DEL MERCADO MUNDIAL...
La reducción de la cuota azucarera nos permitirá dos cosas importantísimas para la Revolución: LIBRARNOS de la convenenciera cuota, y LIBRARNOS de la dependencia a un solo cultivo: la caña. ¡Ya no sembraremos sólo caña!
Y DE PASO, GRITÓ CASTRO TRAS LA EXPROPIACIÓN, ¡NOS LIBRAMOS DE LA DEPENDENCIA DE ESTADOS UNIDOS! TRAS ESO, SÓLO QUEDABA GRINGO EN CUBA. LA BASE NAVAL DE GUANTÁNAMO Y LA EMBAJADA...

(Parecía que Cuba se beneficiaba, pero a la larga -como veremos en la parte de la ECONOMÍA- a Fidel le salió cola...)
¿Y LO DEL PETRÓLEO Y LAS REFINERÍAS GRINGAS..?
LA MANIOBRA DEL PETROLEO
LA PRIMERA GRAN ZANCADILLA CONTRA NUESTRA REVOLUCION
1-Existe el propósito de las compañías extranjeras de boycotear el petróleo
REVOLUCION
CUBA NO PRODUCÍA PETRÓLEO. (SÓLO RON BACARDÍ..) PERO EXISTÍAN REFINERÍAS QUE ELABORABAN Y REFINABAN EL PETRÓLEO CRUDO TRAÍDO DE OTROS PAÍSES....
¿YA ADIVINARON DE QUIÉNES ERAN LAS REFINERÍAS?
Pero de repente Cuba logró comprar a la URSS PETRÓLEO + barato
Y TRATÓ DE QUE LAS REFINERÍAS ESAS LO REFINARAN POR LO CRUDO QUE ESTABA...
CUBA TENÍA LA OBLIGACIÓN DE COMPRAR ESE PETRÓLEO A LOS MONOPOLIOS YANQUIS (ESSO, SINCLAIR, TEXACO) Y ENTREGARLO A LAS REFINERÍAS (ESSO, SINCLAIR, TEXACO), PARA QUE ÉSTAS LE VENDIERAN A CUBA -AL PRECIO QUE ELLAS FIJABAN- LA GASOLINA Y EL ACEITE Y LOS ALCOHOLES Y EL PETRÓLEO Y TODAS ESAS COSAS RARAS QUE SE SACAN DEL CRUDO PETRÓLEO..Y QUE SE VENDEN CON MARCA ESSO, SINCLAIR O TEXACO...

LAS REFINERÍAS SE NEGARON A HACERLO...
(Por órdenes de Washington)
Y MÁS VELOZ QUE EL GAUCHO VELOZ, FIDEL SE LAS EXPROPIÓ (VIOLANDO TODAS LAS LEYES INTERNACIONALES DE COMERCIO). PERO POS ASÍ ESTABAN YA LAS COSAS... ¡LO ÚNICO QUE FALTABA ERA QUE ESTALLARA UNA GUERRA! (COMO DESEABA CASTRO..)
Y VINO ENTONCES LA INVASIÓN DE PLAYA GIRÓN (O BAHÍA DE COCHINOS) QUE TODOS CONOCEN...
CON ALGUNOS DETALLES QUE LOS LECTORES DE LA HISTORIA OFICIAL DE FIDEL DESCONOCEN.
ME ALQUILO
AGRESION

Playa Girón
EN PRIMER LUGAR, LA INVASIÓN NO FUE OBRA DEL EJÉRCITO DE ESTADOS UNIDOS. SINO DE LA DIZQUE INTELIGENTE CIA.
EL LECTOR QUE LO DUDE, REMÍTASE A UNA INVASIÓN HECHA POR EL PENTÁGONO. VERBIGRACIA PANAMÁ O GRENADA. EL GOLFO PÉRSICO, etc.
COMO LO MUESTRA EL DIBUJO, LA INCURSIÓN CUBANA DE EXILIADOS MAL ARMADOS FUE DERROTADA EN 72 HORAS, QUE IGUAL PUDIERON SER 7 HORAS: LOS INVASORES FUERON ENVIADOS AL MATADERO. DESEMBARCADOS EN UNA PLAYA IMPOSIBLE, SIN APOYO AÉREO NI INTERNO... ¡LLEGARON A CUBA DERROTADOS..! (PARECÍA UNA INVASIÓN ORGANIZADA POR FIDEL CASTRO, COÑO...)
HAVANA

KENNEDY, QUE NO QUERÍA INVADIR CUBA, TUVO QUE APECHUGAR CON LA DERROTA Y SER EL HAZMERREIR DE TODO EL MUNDO... Y EL MÁS ODIADO POR LOS EXILIADOS CUBANOS, POR NO HABER APOYADO CON TROPAS GRINGAS LA INVASIÓN BATISTIANA... (LA RAZÓN DE NO HABERLO HECHO, FUE QUE SE DIO CUENTA DE QUE TODOS LOS INVASORES ERAN BATISTIANOS...)
1961
VICTORIA DE GIRÓN
Y ese genio de la publicidad que es Fidel, infló la ridícula batalla de 1500 invasores contra 30 mil defensores que se mataban entre sí por la pésima organización, en
LA PRIMER DERROTA DEL IMPERIALISMO EN AMÉRICA
(Y TODOS NOS LO CREÍMOS...)
CHICO, Y ES QUE ADEMÁS TÚ SABES: EL PUEBLO NO APOYÓ LA INVASIÓN.
← OTRO MITO
ViVA CUBA!

AL OCURRIR LA INVASIÓN -ABRIL DE 1961- EXISTÍA UN GRAN DESCONTENTO EN LA CLASE MEDIA CUBANA, DESCONTENTO QUE NO TENÍA MODO DE MANIFESTARSE:
¡ PROHIBIÓ EL CABALLO LOS PARTIDOS POLÍTICOS !
DISOLVIÓ LAS CÁMARAS...
NO HAY PRENSA QUE SE HAGA ECO DE LOS PROBLEMAS...
LA RADIO Y LA TELE ESTÁN BAJO CONTROL...
Y OTRAS INSTITUCIONES COMO LA IGLESIA O LOS SINDICATOS Y SOCIEDADES GREMIALES O PROFESIONALES. HABÍAN YA DESAPARECIDO O ESTABAN CONTROLADAS
Había descontento, pero DESORGANIZADO...
Y TOTALMENTE DESCONECTADO CON EL EXILIO DE MIAMI.
¿cómo iba así a apoyarse la invasión "liberadora"?

ANUNCIADA LA INVASIÓN POR EL BOMBARDEO DEL AEROPUERTO MILITAR, FIDEL ORDENÓ UNA DE LAS MEDIDAS MÁS HITLERIANAS QUE SE HAN SUFRIDO EN CUBA...
INMINENTE
NVASION YANQUI
DA A LA ONU PARA DENUNCIAR EL ATAQUE
Vea información en la página DO
REVOLUCION
ALGO QUE LOS SIMPATIZANTES DE CUBA EN EL MUNDO NO SUPIERON (NI SABEN).
EN UN AMBIENTE DE TERROR SIMILAR A LAS REDADAS DE JUDÍOS POR LAS TROPAS DE ASALTO, LA GESTAPO CUBANA ARRESTÓ SIN NINGUNA ORDEN JUDICIAL, A MÁS DE 150 MIL PERSONAS, QUE FUERON ENCHIQUERADAS EN CINES, ESTADIOS, IGLESIAS, ESCUELAS, PUES LAS VIEJAS PRISIONES DE LA COLONIA NO FUERON SUFICIENTES.
NO HICISTE NADA, PERO PUEDES HACERLO.

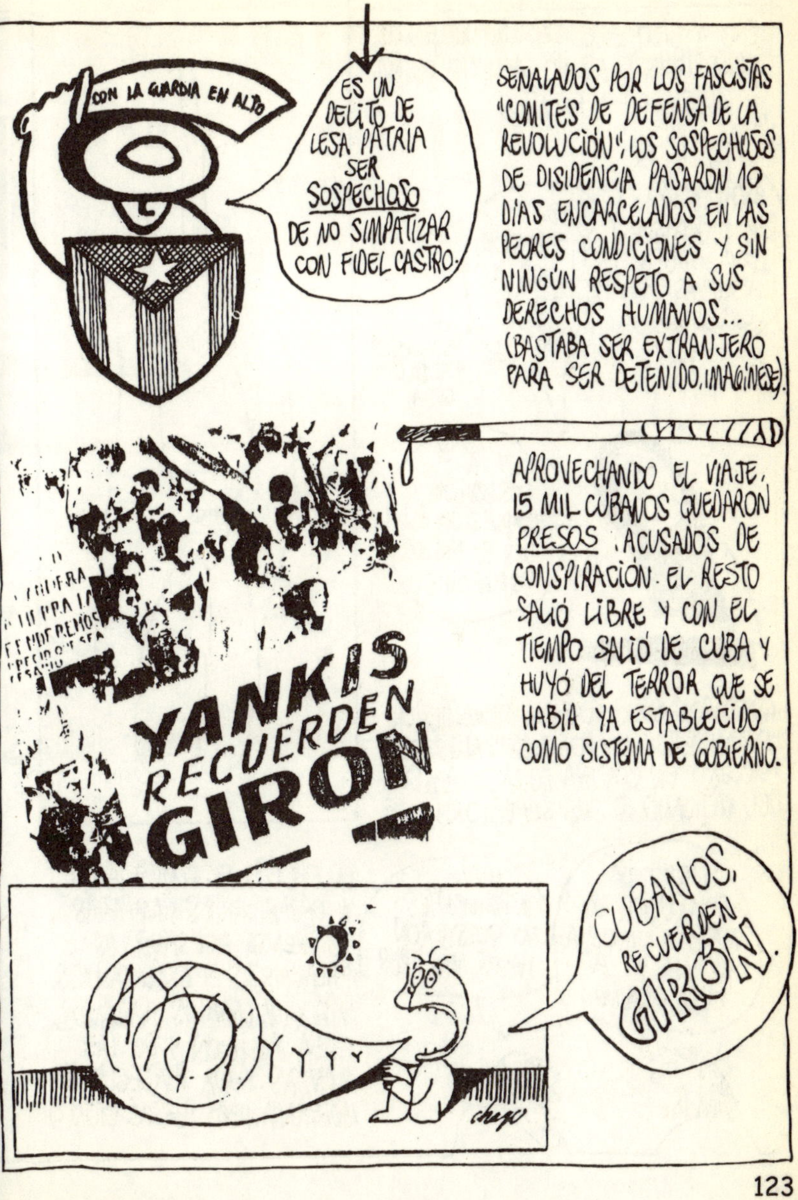
CON LA GUARDIA EN ALTO
ES UN DELITO DE LESA PATRIA SER SOSPECHOSO DE NO SIMPATIZAR CON FIDEL CASTRO.
SEÑALADOS POR LOS FASCISTAS "COMITÉS DE DEFENSA DE LA REVOLUCIÓN", LOS SOSPECHOSOS DE DISIDENCIA PASARON 10 DIAS ENCARCELADOS EN LAS PEORES CONDICIONES Y SIN NINGÚN RESPETO A SUS DERECHOS HUMANOS... (BASTABA SER EXTRANJERO PARA SER DETENIDO. IMAGÍNESE).
APROVECHANDO EL VIAJE, 15 MIL CUBANOS QUEDARON PRESOS, ACUSADOS DE CONSPIRACIÓN. EL RESTO SALIÓ LIBRE Y CON EL TIEMPO SALIÓ DE CUBA Y HUYÓ DEL TERROR QUE SE HABIA YA ESTABLECIDO COMO SISTEMA DE GOBIERNO.
YANKIS RECUERDEN GIRON
AYYYYYYYYY
CUBANOS, RECUERDEN GIRÓN.
chago

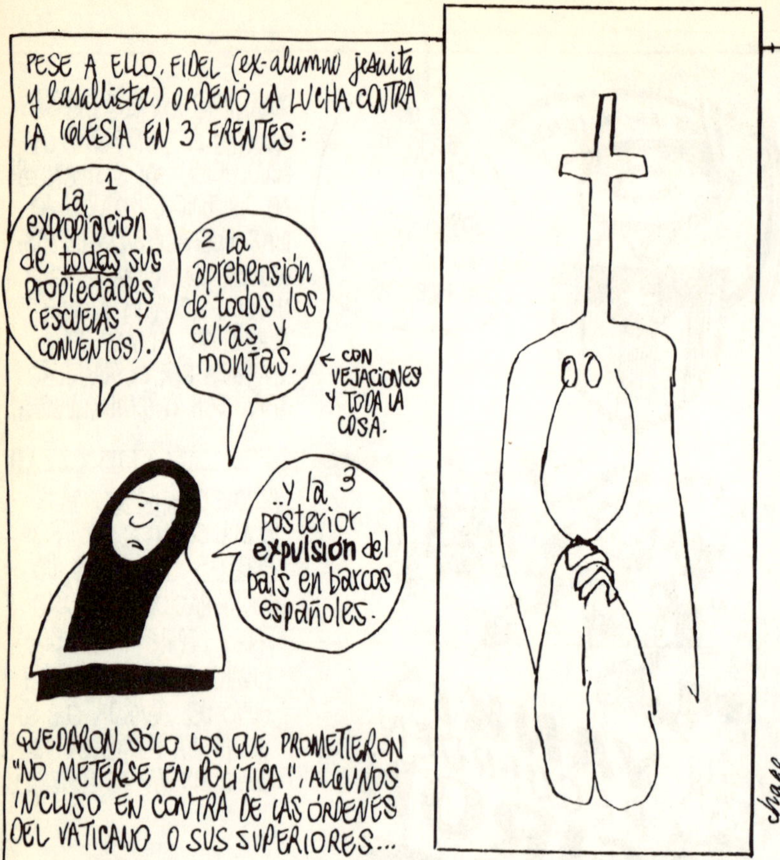

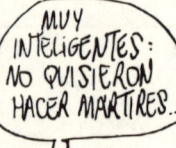

PESE A ELLO, FIDEL (ex-alumno jesuita y lasallista) ORDENÓ LA LUCHA CONTRA LA IGLESIA EN 3 FRENTES:
1 La expropiación de todas sus propiedades (ESCUELAS Y CONVENTOS).
2 La aprehensión de todos los curas y monjas.
← CON VEJACIONES Y TODA LA COSA.
3 ...y la posterior expulsión del país en barcos españoles.
QUEDARON SÓLO LOS QUE PROMETIERON "NO METERSE EN POLÍTICA", ALGUNOS INCLUSO EN CONTRA DE LAS ÓRDENES DEL VATICANO O SUS SUPERIORES...
chago
¡PERO LA REVOLUCIÓN NO MATÓ A NINGUNA MONJA NI A CURA ALGUNO!
MUY INTELIGENTES: NO QUISIERON HACER MÁRTIRES...
EN EFECTO, SE CONCRETARON A ORGANIZARLES CAMPAÑAS DE PRENSA ACUSÁNDOLOS DE FALANGISTAS Y EXPLOTADORES, Y A HUMILLARLOS BURLÁNDOSE DE LA RELIGIÓN Y DE LAS MONJAS... (UNA PERSECUCIÓN MODERADA, PERO PERSECUCIÓN...)

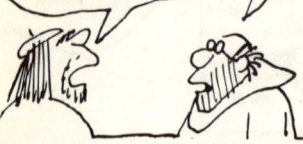

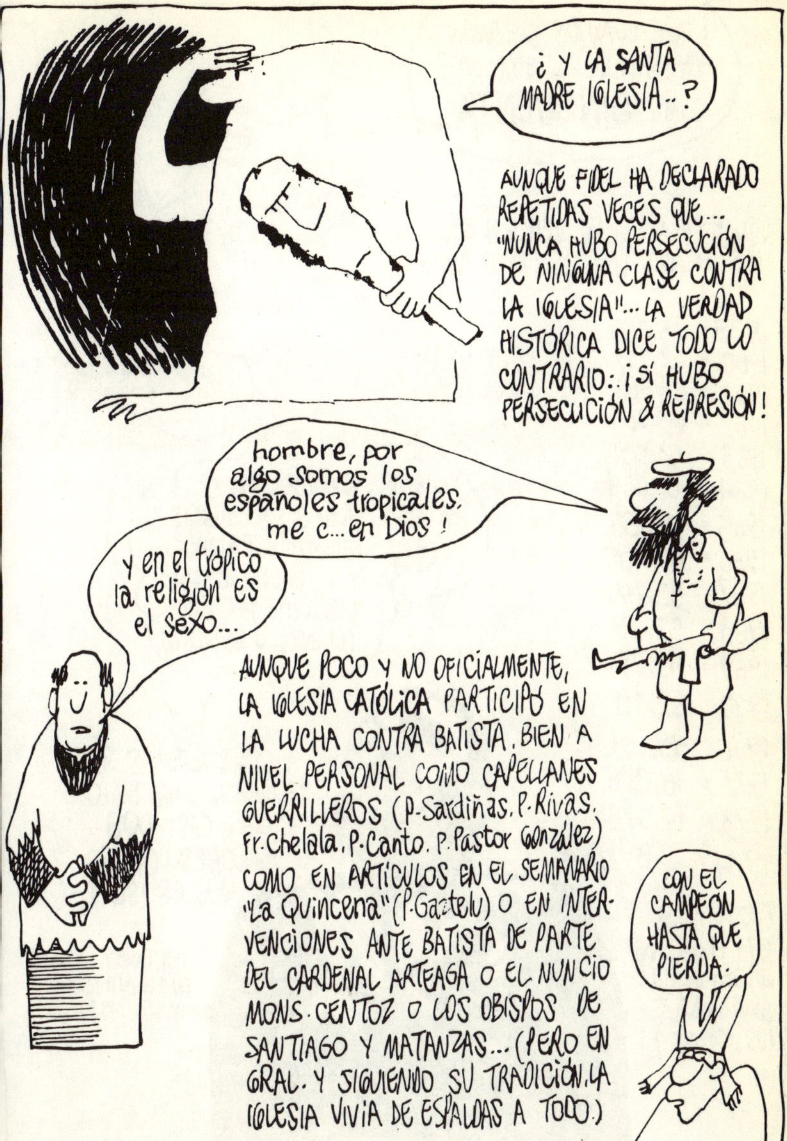
¿Y LA SANTA MADRE IGLESIA..?
AUNQUE FIDEL HA DECLARADO REPETIDAS VECES QUE... "NUNCA HUBO PERSECUCIÓN DE NINGUNA CLASE CONTRA LA IGLESIA"... LA VERDAD HISTÓRICA DICE TODO LO CONTRARIO: ¡SÍ HUBO PERSECUCIÓN & REPRESIÓN!
hombre, por algo somos los españoles tropicales, me c... en Dios!
y en el trópico la religión es el sexo...
AUNQUE POCO Y NO OFICIALMENTE, LA IGLESIA CATÓLICA PARTICIPÓ EN LA LUCHA CONTRA BATISTA. BIEN A NIVEL PERSONAL COMO CAPELLANES GUERRILLEROS (P. Sardiñas. P. Rivas. Fr. Chelala. P. Canto. P. Pastor González) COMO EN ARTÍCULOS EN EL SEMANARIO "La Quincena" (P. Gaztelu) O EN INTERVENCIONES ANTE BATISTA DE PARTE DEL CARDENAL ARTEAGA O EL NUNCIO MONS. CENTOZ O LOS OBISPOS DE SANTIAGO Y MATANZAS... (PERO EN GRAL. Y SIGUIENDO SU TRADICIÓN, LA IGLESIA VIVÍA DE ESPALDAS A TODO.)
CON EL CAMPEÓN HASTA QUE PIERDA.

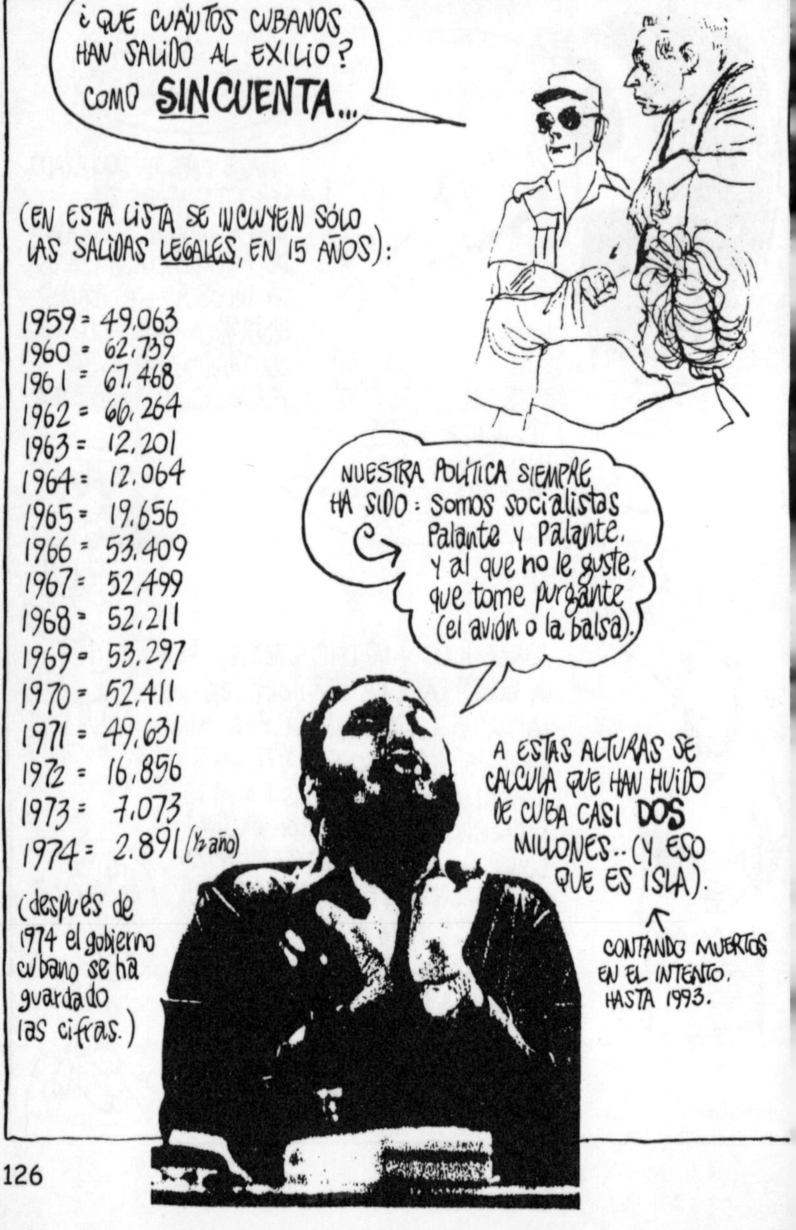
¿QUE CUÁNTOS CUBANOS HAN SALIDO AL EXILIO? COMO SINCUENTA...
(EN ESTA LISTA SE INCLUYEN SÓLO LAS SALIDAS LEGALES, EN 15 AÑOS):
1959 = 49.063
1960 = 62.739
1961 = 67.468
1962 = 66.264
1963 = 12.201
1964 = 12.064
1965 = 19.656
1966 = 53.409
1967 = 52.499
1968 = 52.211
1969 = 53.297
1970 = 52.411
1971 = 49.631
1972 = 16.856
1973 = 7.073
1974 = 2.891 (½ año)
(después de 1974 el gobierno cubano se ha guardado las cifras.)
NUESTRA POLÍTICA SIEMPRE HA SIDO: Somos socialistas Palante y Palante, y al que no le guste, que tome purgante (el avión o la balsa).
A ESTAS ALTURAS SE CALCULA QUE HAN HUIDO DE CUBA CASI DOS MILLONES... (Y ESO QUE ES ISLA).
CONTANDO MUERTOS EN EL INTENTO, HASTA 1993.

Paasajeros con destino a la FLORIDA y cayos circunvecinos, favoor de abordar por...
EL EXILIO HA SIDO UNA TRAGEDIA PARA CUBA: SUS MEJORES GENTES SE HAN IDO DE LA ISLA EN BUSCA DE ALGO QUE YA AHÍ NO SE ENCUENTRA: LIBERTAD.
→ SIMPLEMENTE MARIA, VE LA LISTA DE ESCRITORES HUIDOS:
Heberto Padilla • Jorge Valls • Lydia Cabrera • Castor Visto • Ángel Cuadra • Cesar Leante • Edmundo Desnoes • José Triana • Lino Novas Calvo • Belkis Cuza • Gmo. Cabrera Infante • R. Llopis • Gustavo Arcos • Carlos Franqui • Severo Sarduy • C. Alberto Montaner Jorge Mañach • José Triana • Hilda Perea • Benitez Rojo • Enrique Labrador Ruiz • Humberto Piñera • José Kozer • Reinaldo Arenas • Gastón Baquero • Eugenio Florit • J. Rodríguez Feo • Virgilio Piñera • Servando González •
chago

EN 1980 FIDEL LLEVÓ A CABO SU PROYECTADA INVASIÓN A MIAMI, PARTIENDO DEL PUERTO DE **MARIEL**: 124,799 ARRIBARON CON VIDA, INCLUYENDO 5 MIL EX-CONVICTOS Y PACIENTES DEL HOSPITAL SIQUIÁTRICO.
→ DESDE ENTONCES MIAMI ES "TERRITORIO LIBRE DE CASTRISMO".

SET YOUR PEOPLE FREE!

I MEANT IN CUBA

SI BIEN EL EXILIO HA PERJUDICADO TERRIBLEMENTE A LA ECONOMIA CUBANA, PRIVÁNDOLA DE PROFESIONISTAS Y MANO DE OBRA CALIFICADA... TAMBIÉN HA BENEFICIADO A CASTRO:

(MENOS BOCAS QUE ALIMENTAR, **MENOS OPOSITORES** QUE TEMER...)
... MÁS CELDAS DISPONIBLES EN LAS CÁRCELES, MÁS ASIENTOS EN EL CINE... ¡SI SE FUERAN TODOS, SE ACABABAN LOS PROBLEMAS!

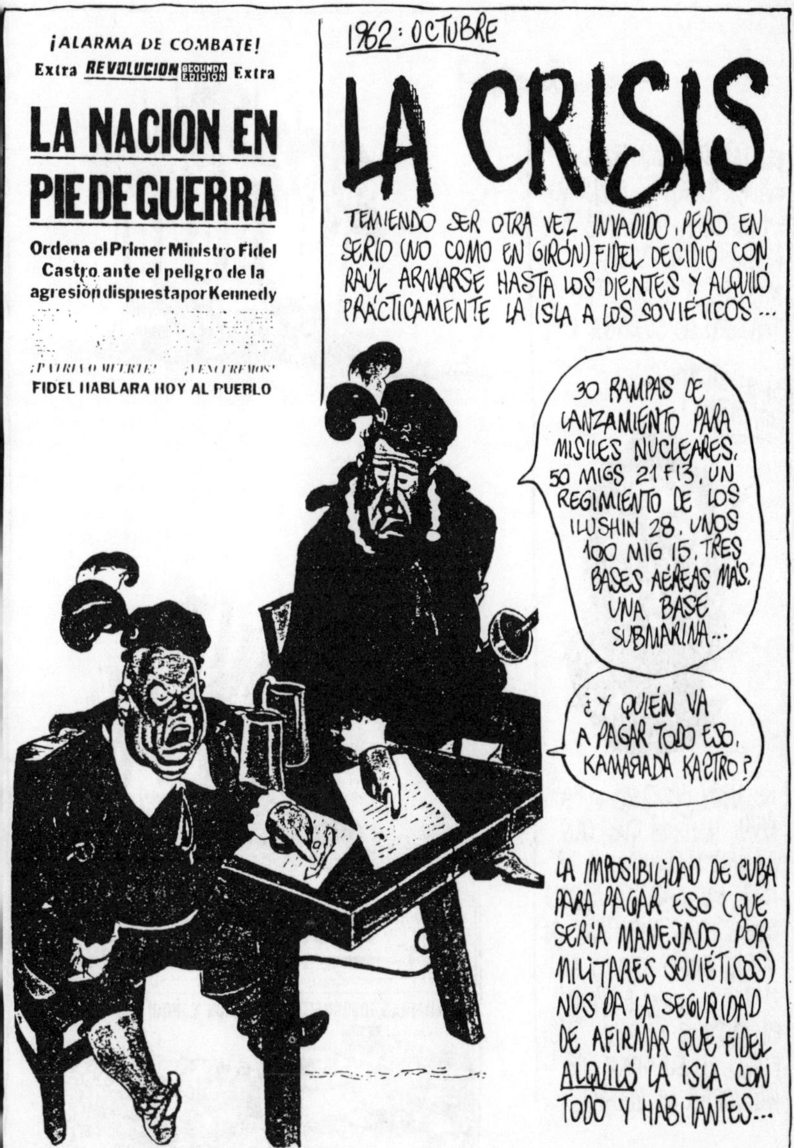
¡ALARMA DE COMBATE!
Extra REVOLUCION SEGUNDA EDICION Extra
LA NACION EN PIE DE GUERRA
Ordena el Primer Ministro Fidel Castro ante el peligro de la agresión dispuesta por Kennedy
FIDEL HABLARA HOY AL PUEBLO
1962: OCTUBRE
LA CRISIS
TEMIENDO SER OTRA VEZ INVADIDO, PERO EN SERIO (NO COMO EN GIRÓN) FIDEL DECIDIÓ CON RAÚL ARMARSE HASTA LOS DIENTES Y ALQUILÓ PRÁCTICAMENTE LA ISLA A LOS SOVIÉTICOS...
30 RAMPAS DE LANZAMIENTO PARA MISILES NUCLEARES, 50 MIGS 21 F13, UN REGIMIENTO DE LOS ILUSHIN 28, UNOS 100 MIG 15, TRES BASES AÉREAS MÁS, UNA BASE SUBMARINA...
¿Y QUIÉN VA A PAGAR TODO ESO, KAMARADA KASTRO?
LA IMPOSIBILIDAD DE CUBA PARA PAGAR ESO (QUE SERÍA MANEJADO POR MILITARES SOVIÉTICOS) NOS DA LA SEGURIDAD DE AFIRMAR QUE FIDEL ALQUILÓ LA ISLA CON TODO Y HABITANTES...

EL TIPO DE ARMAMENTO, EVIDENTEMENTE OFENSIVO -Y NUCLEAR- ALARMÓ A KENNEDY: AVIONES Y MISILES EN EL PATIO TRASERO DE SU CASA !!!
Y al alcance de mi mano!
KENNEDY BLOQUEÓ CUBA PARA IMPEDIR QUE LAS ARMAS LLEGARAN A LA ISLA EN LOS BUQUES SOVIÉTICOS, MIENTRAS UN MISIL ECHÓ ABAJO AL U-2... ¿QUIÉN DISPARÓ EL MISIL? SE DICE QUE FIDEL, EN SU AFÁN DE PROVOCAR LA GUERRA.
Carlos Rafael Hablará en el 15 aniversario de la Revolución de Octubre
REVOLUCION
PRIMERA EDICION
¡PRIMERAS FOTOGRAFIAS DEL AVION YANQUI ABATIDO!

¡NO VAMOS A TOLERAR QUE HAYA ARMAS OFENSIVAS A 90 MILLAS DE DISTANCIA DE NUESTRAS ARMAS DEFENSIVAS!
DESPUÉS SE SUPO QUE LA ORDEN PARTIÓ DEL ALTO MANDO SOVIÉTICO EN CUBA... CON ESA MISMA INTENCIÓN: PROVOCAR LA GUERRA. (LO QUE SÍ SE SABE CON SEGURIDAD ES QUE FIDEL ESTABA LOCO DE CONTENTO...)
¡seguro que ahora sí paso a la Historia! (y de paso no pago mis deudas...)
DINAMITA
POR FORTUNA PARA TODOS, KRUSCHOV Y KENNEDY DIALOGARON (SIN INVITAR A FIDEL). LOS BARCOS DE LA URSS SE REGRESARON CON SUS COHETES, LOS BARCOS GRINGOS SE RETIRARON DE CUBA Y FIDEL SE MOSTRÓ A LOS OJOS DEL MUNDO COMO UN SIMPLE PEÓN DEL AJEDREZ USA-URSS.

A CAMBIO DEL RETIRO SOVIÉTICO, EL GOBIERNO DE LOS ESTADOS UNIDOS PROMETIÓ NO INVADIR JAMÁS CUBA...
ALEMANIA
TURQUIA
JAPON
USA
URSS
CUBA
¡COSA MÁ GRANDE, FIDE! ¡NUNCA VAN A INVADIRNOS!
¡CÁLLATE COÑO: ESO NUNCA SE LO DIREMOS A NADIE!
NUNCA SE LE HA DICHO AL PUEBLO DE CUBA QUE EL GOBIERNO GRINGO PROMETIÓ NO INVADIR NUNCA A CUBA...

NUNCA NOS LO HAN DICHO. PERO TODOS LO SABEMOS...
AHUMADA
EL GRANMA
PESE A QUE FIDEL CONTROLA TODO (LA PRENSA, LA RADIO Y TV (ESTÁ PROHIBIDO EN CUBA TENER FAX O COPIADORA O COMPUTADORA). LA GENTE SABE QUE FIDEL LOS HA VENIDO ENGAÑANDO DESDE 1959 CON SUS MENTIRAS DE TODOS COLORES...
¿POR QUÉ SI NO, ESE TERROR A QUE SE OIGA EN CUBA LA RADIO DE MIAMI O SE VEA LA TELEVISION DEL EXILIO?
LA FALTA ABSOLUTA DE LIBERTAD DE PRENSA Y LA SUPER EFICIENTE Y COSTOSA PROPAGANDA Q. SUFRE CUBA DESDE 1959, HAN CONVERTIDO AL PUEBLO CUBANO EN EL MÁS MANIPULADO Y MENOS INFORMADO DE LA TIERRA.
TV MARTI
sólo nos ganan nuestros "hermanos" de corea del Norte y Vietnam.

CALLÁNDOSE ESE "PEQUEÑO DETALLE", LOS CASTRO PUDIERON MANTENER AL PUEBLO EN UN ESTADO DE CONSTANTE TENSIÓN...
¡NOS PUEDEN INVADIR Y HACER CACA!!
I ♥ CCCP
...Y CON ESA ESPADA DE DAMOCLES INVENTADA. MILITARIZARON LA ISLA...Y LO QUE ES PEOR, LA ECONOMÍA...
¿Y PARA QUÉ TANTAS ARMAS Y SOLDADOS Y MOVILIZACIONES?
SI EL PUEBLO DE CUBA HUBIERA SABIDO QUE NO HABÍA YA PELIGRO DE INVASIÓN, NO HABRÍA PARTICIPADO EN ESA ABSURDA MILITARIZACIÓN, QUE FUE LA CAUSANTE DEL DESASTRE...

TODO EN CUBA FUE DIRIGIDO POR ESE CAMINO, DESDE LA EDUCACIÓN HASTA EL ESTABLECIMIENTO DEL SERVICIO MILITAR OBLIGATORIO... DESDE LA IMPLANTACIÓN DE MILICIAS EN TODOS LOS CENTROS DE TRABAJO, HASTA LA EXHIBICIÓN EN CINES Y TELEVISIÓN DE CIENTOS DE PELÍCULAS SOVIÉTICAS DE GUERRA, HASTA EL ESTABLECIMIENTO DE BASES MILITARES AUTÓNOMAS DENTRO DE LA ISLA BAJO EL ABSOLUTO CONTROL SOVIÉTICO...
MILES DE CUBANOS SALIERON A LA URSS Y CHECOSLOVAQUIA A ESTUDIAR LAS ARTES DE LA GUERRA Y A APRENDER A MANEJAR LOS TANQUES Y AVIONES Y MISILES Y DEMÁS ARMAS QUE, POR TONELADAS, COMPRABAN LOS CASTRO.
PUNTO I
PUNTO II
PUNTO III
PUNTO IV
PUNTO V
COHETES MURALES
¡Ya tenemos cohetes tierra-aire, mi socio!
¿sabes dónde puedo conseguir un poco de mantequilla?

STEDES : ¿PARA QUÉ TANTAS ARMAS
TO DE AMÉRICA (LATINA)..??

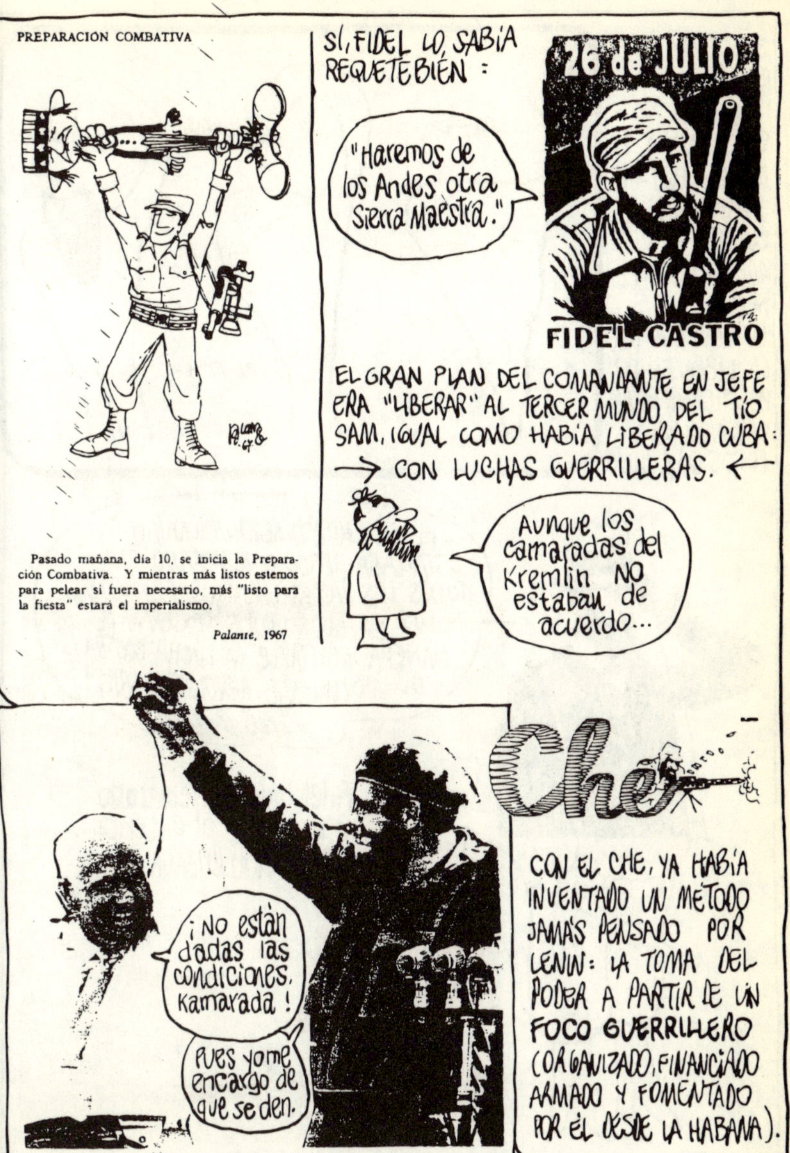
PREPARACIÓN COMBATIVA
Pasado mañana, día 10, se inicia la Preparación Combativa. Y mientras más listos estemos para pelear si fuera necesario, más "listo para la fiesta" estará el imperialismo.
Palante, 1967
SÍ, FIDEL LO SABÍA REQUETEBIÉN:
"Haremos de los Andes otra Sierra Maestra."
26 de JULIO
FIDEL CASTRO
EL GRAN PLAN DEL COMANDANTE EN JEFE ERA "LIBERAR" AL TERCER MUNDO DEL TÍO SAM, IGUAL COMO HABÍA LIBERADO CUBA:
→ CON LUCHAS GUERRILLERAS. ←
Aunque los camaradas del Kremlin NO estaban de acuerdo...
Che
¡No están dadas las condiciones, Kamarada!
Pues yo me encargo de que se den.
CON EL CHE, YA HABÍA INVENTADO UN MÉTODO JAMÁS PENSADO POR LENIN: LA TOMA DEL PODER A PARTIR DE UN FOCO GUERRILLERO (ORGANIZADO, FINANCIADO ARMADO Y FOMENTADO POR ÉL DESDE LA HABANA).

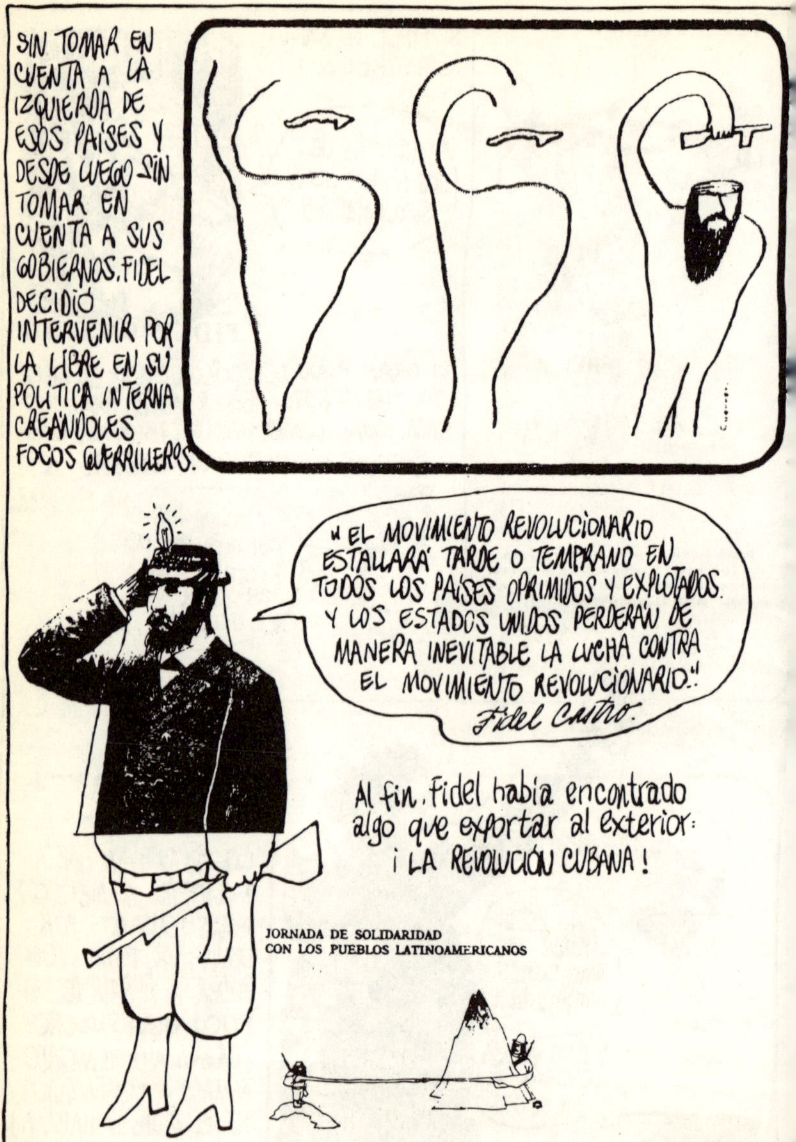
SIN TOMAR EN CUENTA A LA IZQUIERDA DE ESOS PAÍSES Y DESDE LUEGO SIN TOMAR EN CUENTA A SUS GOBIERNOS, FIDEL DECIDIÓ INTERVENIR POR LA LIBRE EN SU POLÍTICA INTERNA CREÁNDOLES FOCOS GUERRILLEROS.
"EL MOVIMIENTO REVOLUCIONARIO ESTALLARÁ TARDE O TEMPRANO EN TODOS LOS PAÍSES OPRIMIDOS Y EXPLOTADOS. Y LOS ESTADOS UNIDOS PERDERÁN DE MANERA INEVITABLE LA LUCHA CONTRA EL MOVIMIENTO REVOLUCIONARIO." Fidel Castro.
Al fin, Fidel había encontrado algo que exportar al exterior: ¡LA REVOLUCIÓN CUBANA!
JORNADA DE SOLIDARIDAD
CON LOS PUEBLOS LATINOAMERICANOS

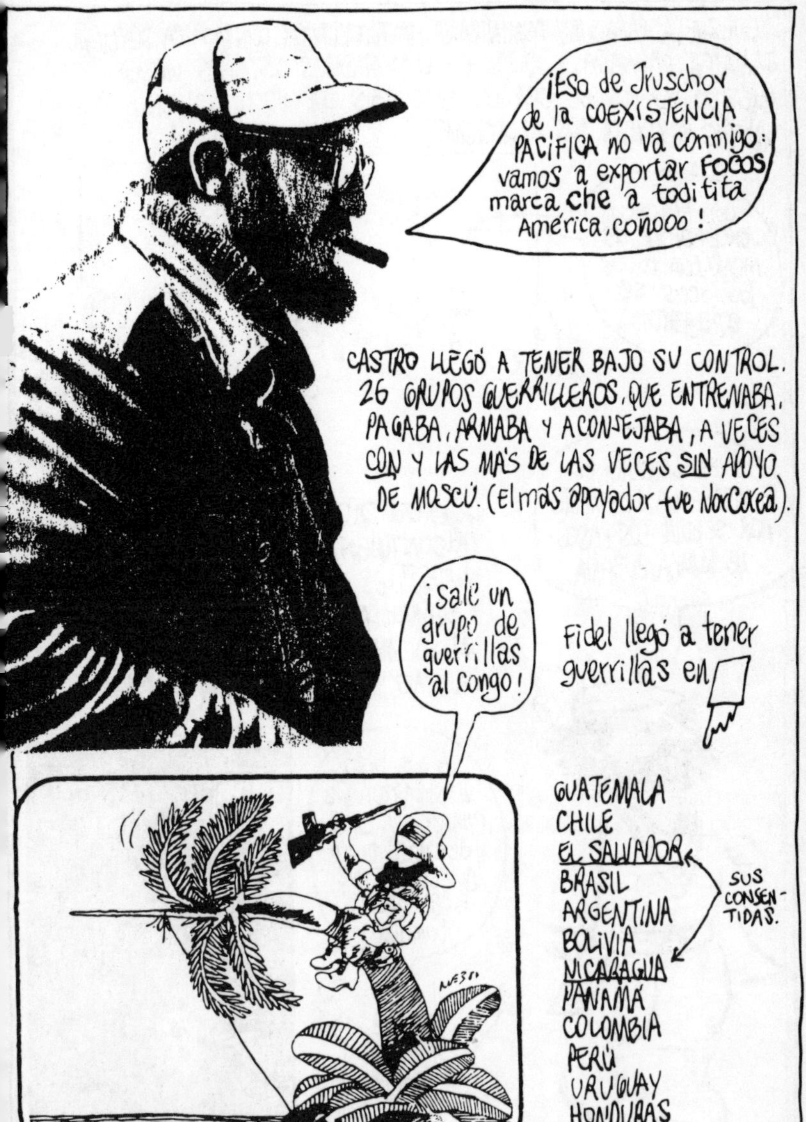
¡Eso de Jruschov de la COEXISTENCIA PACIFICA no va conmigo: vamos a exportar FOCOS marca che a todítita América, coñooo!
CASTRO LLEGÓ A TENER BAJO SU CONTROL 26 GRUPOS GUERRILLEROS, QUE ENTRENABA, PAGABA, ARMABA Y ACONSEJABA, A VECES CON Y LAS MÁS DE LAS VECES SIN APOYO DE MOSCÚ. (El más apoyador fue NorCorea).
¡Sale un grupo de guerrillas al Congo!
Fidel llegó a tener guerrillas en
GUATEMALA
CHILE
EL SALVADOR
BRASIL
ARGENTINA
BOLIVIA
NICARAGUA
PANAMÁ
COLOMBIA
PERÚ
URUGUAY
HONDURAS
SUS CONSENTIDAS.

..VENEZUELA, PARAGUAY, DOMINICANA, HAITÍ, ECUADOR, COSTA RICA, SURINAM, JAMAICA, GRENADA, Y HASTA EN LOS MISMOS ESTADOS UNIDOS. (MÉXICO NO, PORQUE ERA EL ÚNICO PAÍS QUE NO LE CONVENÍA A CASTRO ROMPIERA SUS RELACIONES.)
con la única excepción de NICARAGUA, todos los focos se apagaron..
Y FINALMENTE EL DE NICARAGUA SE FUNDIÓ POR SEGUIR LOS PASOS DE RUMBA CUBANA.
LA ORGANIZACIÓN POR CUBA DE LA TRICONTINENTAL (1966) Y LA OLAS (1967) -AUTÉNTICOS CONGRESOS DE TERRORISMO Y GUERRILLAS- CONVIRTIERON A LA ISLA EN LA MÁXIMA AMENAZA A E. UNIDOS... ¡QUE NO PODÍA YA INVADIR A CUBA!!
Lo que hizo Washington fue romper con Cuba y defender a los gobiernos que Fidel quería tumbar.
olas
PRIMERA CONFERENCIA
cuba, julio 1967
el deber de todo revolucionario es hacer la revolución
138

RESULTA PUES INFANTIL ECHARLE LA CULPA AL TÍO DEL ROMPIMIENTO DE RELACIONES DE TODOS LOS PAÍSES DE AMÉRICA CON CUBA, CUANDO EL ÚNICO CULPABLE FUE FIDEL Y SU POLÍTICA DEL FOCO GUERRILLERO.
PUNTA DE, QUÉ?
DEL ÉSTE!
Amerrica Latinas ser mi patios trasero, don't forget...
Y RESULTA LÓGICO Y TRADICIONAL, QUE WASHINGTON, NO PUDIENDO INVADIR CUBA, SE HAYA DEDICADO A ATACAR A CUBA POR TODAS LAS FORMAS QUE LE QUEDABAN:
EMBARGO ECONÓMICO
BLOQUEO DIPLOMÁTICO
SABOTAJES
AGRESIONES
BLOQUEO COMERCIAL
PROPAGANDA
¿QUIÉN SALIÓ GANANDO?
AMERICAN DOLLAR
LATIN AMERICA

POR NOCAUT TÉCNICO. DECLARO VENCEDOR DE ESTA PELEAAA AL CAMPEÓN.

che

Y LOS PERDEDORES DE LA PELEA, NO FUERON FIDEL Y SU FAMILIA, SINO LOS PUEBLOS DE AMÉRICA LATINA QUE CAYERON EN MANOS DEL MILITARISMO-GORILIANO MÁS SALVAJE QUE HEMOS TENIDO. DESDE LAS MONTAÑAS DE GUATEMALA HASTA LA TIERRA DEL FUEGO CHILENO-ARGENTINA.

Y, CURIOSAMENTE, EL ÚNICO RÉGIMEN MILITAR QUE QUEDA EN AMÉRICA.. ES EL DE FIDEL CASTRO..

SI FUERA YO ECONOMISTA PODRÍA CALCULAR CUÁNTAS VIDAS Y SANGRE Y DINERO LE COSTARON A AMÉRICA LATINA LAS LOCAS PRETENSIONES IMPERIALISTAS DEL COMPADRE FIDEL...
CUBA TIENE (MÁS O MENOS TODAVÍA) EL SEGUNDO EJÉRCITO MÁS GRANDE DE AMÉRICA, PUDIENDO PARAR LLEGADO EL CASO (GULP) A MÁS DE 250 MIL HOMBRES ARMADOS Y ENTRENADOS...
→ LA MILITARIZACIÓN DEL SISTEMA ACABÓ CON LA ECONOMÍA CUBANA...
MENU

Y DE TODAS LAS AVENTURAS BÉLICAS DE CASTRORÚ, LAS QUE ACABARON POR HUNDIR LA ECONOMIA, SEPULTAR A LA REVOLUCIÓN Y AUMENTAR LA IMPOPULARIDAD DEL COMANDANTE EN CUBA, DESTACAN INDUDABLEMENTE LAS PRACTICADAS EN EL CONTINENTE AFRICANO: EL CONGO, ZANZIBAR, ETIOPIA Y ANGOLA... // FRACASADAS SUS LINTERNAS GUERRILLERAS EN AMÉRICA, INVOCÓ LA "SOLIDARIDAD" INTERNACIONAL PARA ALQUILAR TROPAS CUBANAS A LOS GOBIERNOS, NO PRECISAMENTE DE IZQUIERDA, QUE SE LO SOLICITARAN OFICIALMENTE... (YA NO SE TRATABA DE EXPORTAR REVOLUCIONES, SINO SIMPLEMENTE DE EXPORTAR LO QUE MEJOR PRODUCIA CUBA: CARNE DE CAÑON...)
ETIOPÍA: SEGUNDO GIRÓN AFRICANO
NETO
¡NO SE FIJEN: CON SU SANGRE HEROICA AYUDAN A LA LIBERTAD DE ÁFRICA!
AFRICA

¿CUÁNTO DINERO LE COSTÓ A CUBA LA AVENTURA DE ANGOLA, LA GUERRA QUE FIDEL DIRIGÍA -COMO STALIN- DESDE SU ESCRITORIO? ¿Y CUÁNTOS MUERTOS -CUBANOS Y ANGOLEÑOS- COSTÓ LA PRETENSIÓN CASTRISTA DE CUBANIZAR ÁFRICA? ¿QUÉ HACÍAN **35** MIL SOLDADOS CUBANOS A 12 MIL KILÓMETROS DE SU PATRIA? ¿SABE UD. QUE CASTRO <u>RECIBÍA DINERO</u> DEL GOBIERNO DE ANGOLA POR PROTEGER LAS REFINERÍAS DE LA GULF OIL?

LEYDEN
¡COÑO, ES QUE ESO DE PELEAR GRATIS NO ES NEGOCIO, MI SOCIO...!
AFRICA

EJEMPLOS IMPERECEDEROS DE LAS ACTUALES Y FUTURAS GENERACIONES DE CUBANOS

El Ministerio de las Fuerzas Armadas Revolucionarias dio a conocer en un comunicado las cifras de bajas sufridas en el desempeño de la gran gesta internacionalista. El total de compañeros caídos durante el cumplimiento de misiones militares y civiles, así como las causas de su muerte, son las siguientes:

		C A U S A S		
Países	**Total**	**Acciones combativas**	**Enfermedad**	**Accidente**
Angola	**2 016**	**787**	**524**	**705**
Etiopía	**160**	**39**	**46**	**75**
En otros países hermanos	**113**	**37**	**27**	**49**
Total:	**2 289**	**863**	**597**	**829**

Entre los fallecidos se incluyen los nombres de 95 compañeros que cayeron en circunstancias en que fue imposible recuperar sus cuerpos. Numerosos esfuerzos se han realizado y se seguirán haciendo por tratar de localizar y retornar a Cuba sus restos.

EN CUBA NADIE CREE YA EN LAS CIFRAS OFICIALES, CHICO...
¡SABREMOS SER CAPACES DE SEGUIR SU EJEMPLO! PARA ELLOS: ¡GLORIA ETERNA! ¡SOCIALISMO O MUERTE!
Expresó el comandante en jefe Fidel Castro en la ceremonia nacional de despedida de duelo a los combatientes internacionalistas
PERO HACEMOS QUE CREAN QUE LAS CREEMOS.
"En Cuba si tú no aplaudes, eres calificado como contrarevolucionario, o sea que puedes perderlo todo. Por eso seguimos aplaudiendo..."
"Hasta cuando fusilaron a Ochoa y a los otros pillos porque sabían demasiado."

¿ QUÉ SECRETOS SE LLEVARON A LA TUMBA, QUE NO LOS SUPIERA EL PUEBLO CUBANO ?
En Cuba lo sabemos todo, pero hacemos como que no sabemos nada...
¿ACASO ES UN SECRETO QUE EL GOBIERNO CUBANO HA ESTADO METIDO EN EL NARCOTRÁFICO DESDE HACE BASTANTES AÑOS..??(1981)
¿ O QUE LOS GENERALES CUBANOS PARTICIPARON EN ACTOS DE GENOCIDIO EN ANGOLA CONTRA LA POBLACIÓN CIVIL..??
¿ O QUE EL MINISTERIO DEL INTERIOR SE HA CORROMPIDO..??
¿ O QUE EL EJÉRCITO CONSPIRA CONTRA LOS CASTRO BROTHERS..?
¿ O SERÁ UN SECRETO -PARA FIDEL- ENTERARSE QUE "SU" PUEBLO YA NO LE TIENE CONFIANZA, ADMIRACIÓN, NI RESPETO..??
(aunque sí un poquito de miedo, lo confiesan algunos...)

POS YO NO VEO QUE HAYA DESCONTENTO. Y LAS CUBANAS ESTAN BUENISIMAS..!
→ EL TURISTA DESPISTADO O EL INVITADO BIEN ATENDIDO, DIFÍCILMENTE SE DAN CUENTA DE LA REALIDAD CUBANA, Y AL NO VER POR LAS CALLES MANIFESTACIONES, PLANTONES, MARCHAS, LETREROS DE PROTESTA O CUALQUIER OTRO SIGNO MOSTRANDO LA INCONFORMIDAD O LA DISIDENCIA, PUES...
A mi sólo me piden dólares o me ofrecen tabaco o chavas...
→ EL SISTEMA REPRESIVO DE LOS CUERPOS DE SEGURIDAD -QUE ES LO ÚNICO QUE FUNCIONA EN CUBA- HA LOGRADO QUE EL DESCONTENTO SÓLO SE MANIFIESTE HUYENDO DEL PARAÍSO (PERDIDO) DE FIDEL CASTRO.
1964
TÓMESE EL LECTOR UN RESPIRO, QUE VAMOS YA A ENTRAR EN EL CAPÍTULO DEL FRACASO MÁS GRANDE DEL COMANDANTE: ↓ LA ECONOMÍA.
QUIERO PAZ

LA SITUACION DE CUBA

US
1924

El Suplicio de Liborio

Su desventura es completa;
está de azúcar cargado
el dinero no ha alcanzado
¡y no tiene una peseta!

Capítulo 4

De cómo me dijo una señora en las calles de La Habana Vieja: "Ay mi madre.. si no acaban con Fidel, Fidel va a acabar con Cuba..!" (1993)

MIAMI
DEUDAS

CUBA
Kemchs

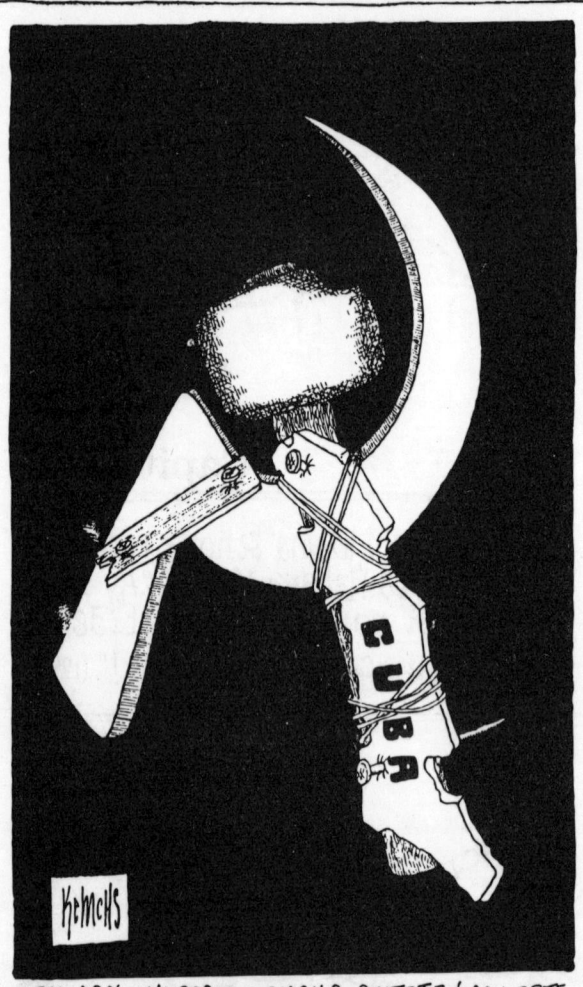

VEN ACÁ: MI SOCIO KEMCHS SINTETIZÓ CON ESTE CARTÓN EL ORIGEN DEL DESASTRE ECONÓMICO DE FIDEL CASTRO... PERO PARA QUE EL LECTOR QUEDE CLARO. VAMOS A AMPLIAR LA SÍNTESIS Y EXPLICAR CON PELOS Y SEÑALES POR QUÉ FRACASÓ EL ASUNTO...

FIDEL CASTRO NOS HIZO CREER A TODOS QUE LA CUBA DE 1958 ERA UN DESASTRE. UN PAÍS ATRASADO LLENO DE MUERTOS DE HAMBRE Y ENFERMEDADES. SUBDESARROLLADO. CON MILLONES DE ANALFABETAS, DESOCUPADOS, PORDIOSEROS Y MALVIVIENTES...
GLORIA ETERNA A LO
Pero llegó el comandante y mandó a parar, aé, aé

SIN EMBARGO, DESPUÉS DE LEER LOS DATOS ESTADÍSTICOS DE LA ONU, EL BANCO MUNDIAL, LOS ECONOMISTAS CUBANOS, LA CEPAL Y DE DIVERSOS ORGANISMOS; ESTUDIÁNDOLOS Y COTEJÁNDOLOS (¡QUÉ JODA!), SE LLEGA A LA CONCLUSIÓN DE QUE CUBA NO ESTABA TAN MAL...
"En términos marxistas las condiciones estaban dadas para pasar a una forma superior de desarrollo y organización. En 1958 Cuba era relativamente rica, ocupando el 3er lugar en América Latina, después de Venezuela y Uruguay." N. SHMELIOV - ECONOMISTA
ORITA ESTAMOS TAMBIÉN EN 3er LUGAR, PERO DE ABAJO PARA ARRIBA, SIGUIENDO A HAITÍ Y NICARAGUA.
58. LA HAVANE. GRATTE-CIEL
LA HABANA RASCACIELOS
HAVANA SKY-SCRAPERS

→ ESPERO QUE ESTAS FOTOS TOMADAS EN 1958 EN LOS MERCADOS HABANEROS, NO PROVOQUEN NINGÚN INFARTO EN LOS CUBANOS QUE LAS VEAN... PUES SIN REFORMA AGRARIA, LOS CAMPESINOS PRODUCÍAN MÁS VERDURAS Y FRUTA QUE EN LA SOCIALISTA ACTUALIDAD.
(VEREMOS CÓMO LE FUNCIONA A FIDEL SU REGRESO AL CAPITALISMO. SU VUELTA A 1959.)

SIGUIENDO UN MODELO DE DESARROLLO CAPITALISTA MADE IN USA, Y DEPENDIENDO MUCHISIMO DE SU MERCADO, CUBA ERA EN 1958 UNO DE LOS PAISES "DE MÁS ALTO NIVEL DE VIDA", SEGÚN ANIBAL ESCALANTE (PSP).
TENIAMOS LA MORTALIDAD INFANTIL MÁS BAJA DE A.L. → 37.6 al millar.
CUBA TENIA MÁS REDES FERROVIARIAS Q. NADIE (AUNQUE NO ERAN DEL ESTADO).
EN ALIMENTACIÓN, SÓLO NOS SUPERABAN ARGENTINA Y URUGUAY (2730 calorías diarias por persona).
HABIA UN RADIO POR C/5 HABS.
...Y DE 40 CUBANOS, UNO TENIA COCHE (Argentina 1x60 Brasil 1x158 México 1x90.
EN ELECTRIFICACIÓN CUBA TENIA EL 1er LUGAR EN A. LATINA...!
EN CUANTO A GANADERÍA, NOS TOCABA 1 RES POR CABEZA Y 34 KILOS DE CERDO, COCHINO O MARRANO.
¿REFRIGERADOR? ¡NEVERA SE DICE, CHICO! 1 x CADA 27 HABS.
Y SE PRODUCIAN 800 MIL TONELADAS DE LECHE.
→ Y 315 MILLONES DE HUEVOS.
HABIA UN TELÉFONO POR CADA 28 HABITANTES. ¿ALÓ? NO NO HAY ALÓZ.
NI LECHE NI CARNE NI HUEVO, PERO TENEMOS 8 PÓSTERS DEL Che.

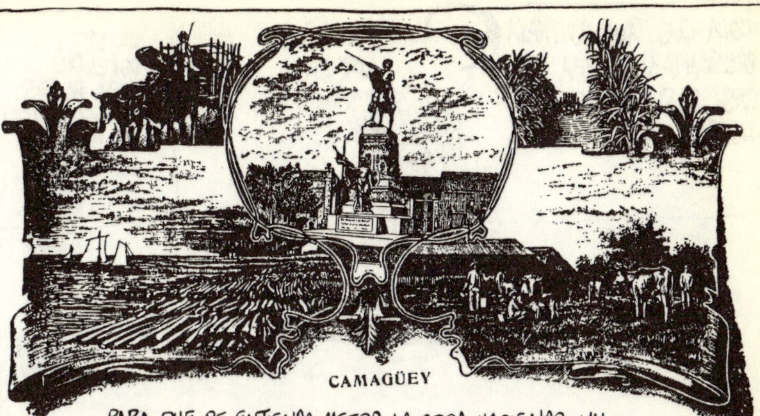
CAMAGÜEY

PARA QUE SE ENTIENDA MEJOR LA COSA, HACIENDO UN ESFUERZO EXTRAORDINARIO DIGNO DE MEJOR CAUSA, HEMOS CONSEGUIDO LOS DATOS COMPARATIVOS DE 1958 DE MÉXICO Y CUBA:

	Cuba	*México*
Ingreso *per cápita* (Dls. de E.E.U.U.)	356 (1958)	263 (1959)
Analfabetismo	23,6% (1953)	43,2% (1950)
Personas por médico	998 (1957)	1.896 (1956)
Personas por dentista	3.052 (1957)	20.345 (1956)
Consumo medio diario de calorías	2.730 (1957)	2.250 (1956)
Tirada de los diarios (por 1.000)	129 (1956)	48 (1955)
Empleados a sueldo y asalariados	55,4% (1953)	45,9% (1957)
Población económicamente activa empleada en la agricultura	41,4% (1953)	57,8% (1957)
Población económicamente activa empleada en la manufactura	12,5% (1953)	11,7% (1957)
Vehículos automot. (por 1.000)	38 (1957)	19 (1956)
Teléfonos (por 1.000)	24 (1957)	13 (1956)
Receptores de radio (por 1.000)	176 (1957)	84 (1956)
Porcentaje de la población en ciudades de 100.000 habitantes o más	25,6% (1953)	15,1% (1950)

Fuentes: Las cifras del ingreso *per capita* han sido tomadas de *Un Estudio Sobre Cuba*, pág. 848, que emplea para Cuba el cálculo preparado por el Banco Nacional de Cuba y no el del Dr. Oshima. Todas las demás cifras han sido tomadas del *Statistical Abstract of Latin America 1960* (Los Angeles: Centro de Estudios de América Latina, Universidad de California, 1960).

COMO VERÁN FÁCILMENTE, LA PRETENSIÓN DE FIDEL DE PRESENTAR LA CUBA "ANTES DE ÉL" COMO UN PAÍS SUBDESARROLLADO, TRAÍA MUCHA COLA POLÍTICA.

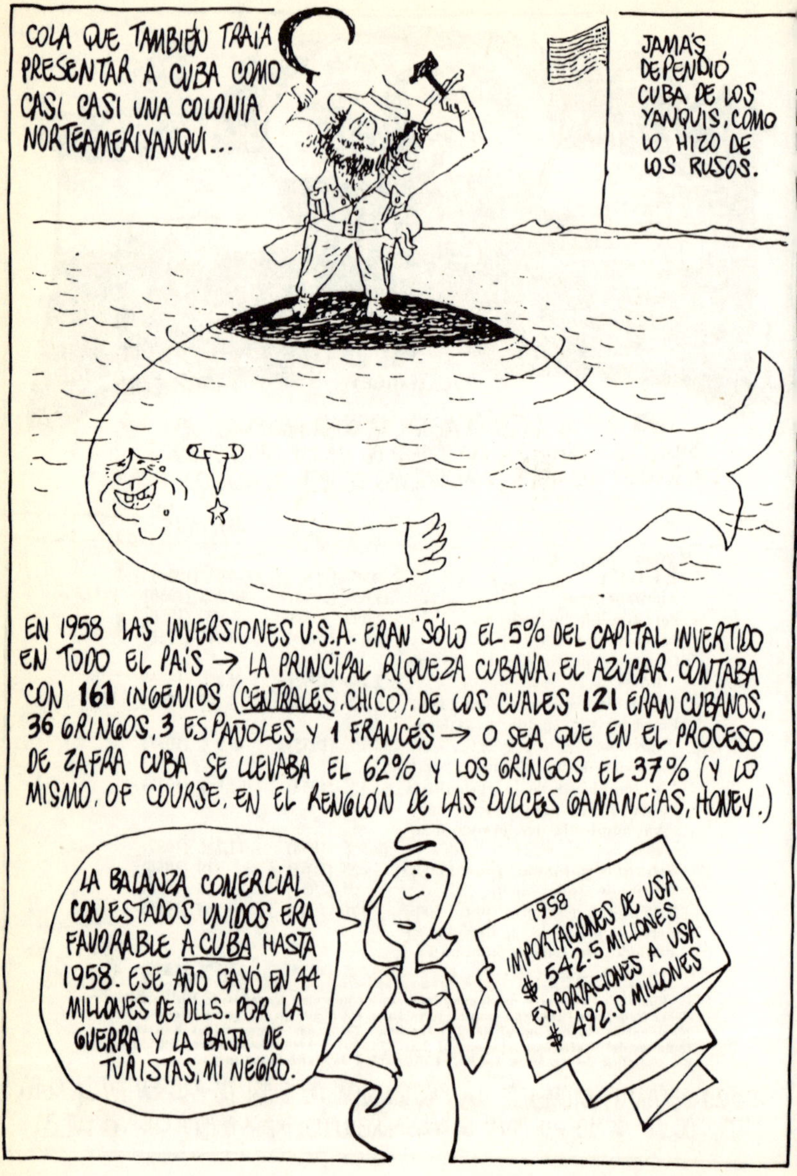
COLA QUE TAMBIÉN TRAÍA PRESENTAR A CUBA COMO CASI CASI UNA COLONIA NORTEAMERIYANQUI...
JAMÁS DEPENDIÓ CUBA DE LOS YANQUIS, COMO LO HIZO DE LOS RUSOS.
EN 1958 LAS INVERSIONES U.S.A. ERAN SÓLO EL 5% DEL CAPITAL INVERTIDO EN TODO EL PAÍS → LA PRINCIPAL RIQUEZA CUBANA, EL AZÚCAR, CONTABA CON 161 INGENIOS (CENTRALES, CHICO), DE LOS CUALES 121 ERAN CUBANOS, 36 GRINGOS, 3 ESPAÑOLES Y 1 FRANCÉS → O SEA QUE EN EL PROCESO DE ZAFRA CUBA SE LLEVABA EL 62% Y LOS GRINGOS EL 37% (Y LO MISMO, OF COURSE, EN EL RENGLÓN DE LAS DULCES GANANCIAS, HONEY.)
LA BALANZA COMERCIAL CON ESTADOS UNIDOS ERA FAVORABLE A CUBA HASTA 1958. ESE AÑO CAYÓ EN 44 MILLONES DE DLLS. POR LA GUERRA Y LA BAJA DE TURISTAS, MI NEGRO.
1958 IMPORTACIONES DE USA $ 542.5 MILLONES EXPORTACIONES A USA $ 492.0 MILLONES

Y AUN ASÍ, EN PLENA "GUERRA", LLEGARON A CUBA 388 MIL TURISTAS...
...EN 1975, UN BUEN AÑO, LLEGARON 175 MIL (OFICIALMENTE) CONTANDO DELEGACIONES Y TROPAS COMO "TURISTAS".
(LAS CIFRAS DE TURISMO HACIA CUBA, ANTES DE CASTRO, LLEGABAN CASI AL MILLÓN DE VISITANTES EN TIEMPOS DE ESTABILIDAD POLÍTICA. EN 1992, CON FUERTE IMPULSO E INVERSIONES, LLEGÓ OFICIALMENTE A LOS 300 MIL TURISTAS)
Técnicos soviéticos en Cuba
Y ES TURISMO DE APARTHEID, EN EL QUE NO PODEMOS ENTRAR LOS CUBANOS.
AÑO CON AÑO AUMENTA EL NÚMERO DE HOTELES, RESTAURANTES Y CENTROS VACACIONALES, A DONDE NO PUEDEN ENTRAR LOS CUBANOS POR SER "ÁREA DÓLAR"... LO QUE TIENE FRITOS A LOS CUBANOS -AUNQUE SEAN BLANCOS- QUE VEN ENCABRONADOS CÓMO SON DISCRIMINADOS EN SU PROPIO PAÍS, COMO EN LOS VIEJOS TIEMPOS DE BATISTA...
Esto es lo que escribí en "Cuba para Principiantes":
RODEADO DE MAR, EL CUBANO POBRE NO PODÍA IR A LAS PLAYAS PORQUE ERAN PRIVADAS (Y SI ERA NEGRO MENOS...)
NO HAY NADA QUE ENVIDIARLE A LOS USA: TENEMOS TAMBIÉN DISCRIMINACIÓN.

PLAYAS COMO LA DE VARADERO ESTÁN VEDADAS AL CUBANO. LO MISMO TODOS LOS BUENOS HOTELES, RESTAURANTES, CENTROS NOCTURNOS Y BARES, DONDE UNA POLICÍA ESPECIAL (LA TURÍSTICA) SE ENCARGA DE NO DEJAR ENTRAR A LOS CUBANOS (QUE NO TENGAN DÓLARES, SEGÚN LA ÚLTIMA DESESPERADA DISPOSICIÓN DEL COMANDANTE.)

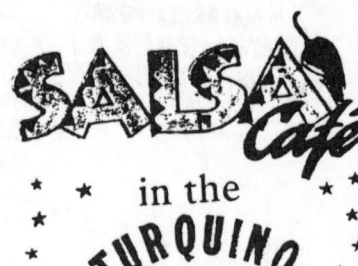

VARADERO EN GRANDE

Frutos y perspectivas inmediatas, en ejecución del gran esfuerzo de Cuba por desarrollar su balneario mayor para el turismo internacional

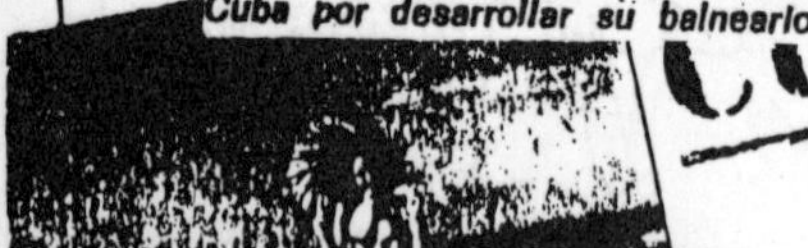

(Y LOS CAYOS–EXCEPTO CAYO LARGO, PROPIEDAD DE FIDEL. ESTÁN A LA VENTA AL MEJOR POSTOR.)

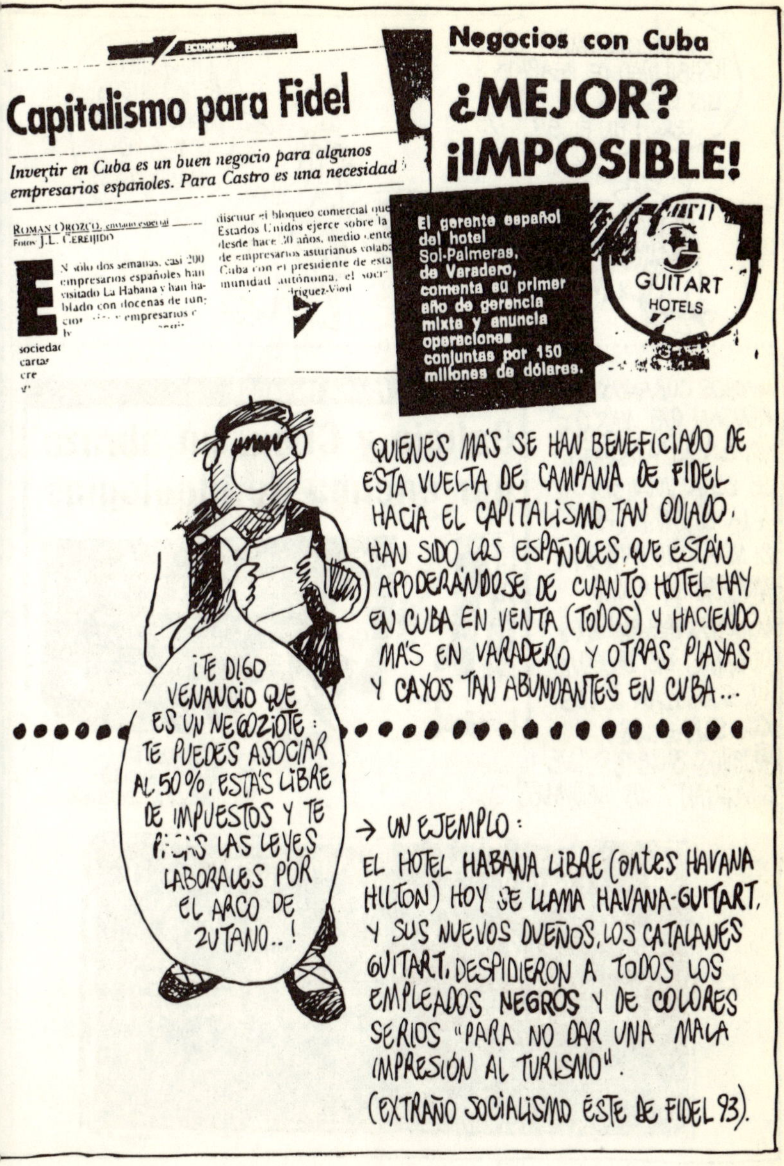

Capitalismo para Fidel
Invertir en Cuba es un buen negocio para algunos empresarios españoles. Para Castro es una necesidad
ROMAN OROZCO, enviado especial
Fotos J.L. CEREIJIDO
En sólo dos semanas, casi 200 empresarios españoles han visitado La Habana y han hablado con docenas de fun-
discutir el bloqueo comercial que Estados Unidos ejerce sobre la desde hace 30 años, medio cente de empresarios asturianos colab Cuba con el presidente de esta munidad autónoma, el soci
Negocios con Cuba
¿MEJOR? ¡IMPOSIBLE!
El gerente español del hotel Sol-Palmeras, de Varadero, comenta su primer año de gerencia mixta y anuncia operaciones conjuntas por 150 millones de dólares.
GUITART HOTELS
QUIENES MÁS SE HAN BENEFICIADO DE ESTA VUELTA DE CAMPANA DE FIDEL HACIA EL CAPITALISMO TAN ODIADO, HAN SIDO LOS ESPAÑOLES, QUE ESTÁN APODERÁNDOSE DE CUANTO HOTEL HAY EN CUBA EN VENTA (TODOS) Y HACIENDO MÁS EN VARADERO Y OTRAS PLAYAS Y CAYOS TAN ABUNDANTES EN CUBA...
¡TE DIGO VENANCIO QUE ES UN NEGOZIOTE: TE PUEDES ASOCIAR AL 50%, ESTÁS LIBRE DE IMPUESTOS Y TE PASAS LAS LEYES LABORALES POR EL ARCO DE ZUTANO...!
→ UN EJEMPLO:
EL HOTEL HABANA LIBRE (antes HAVANA HILTON) HOY SE LLAMA HAVANA-GUITART, Y SUS NUEVOS DUEÑOS, LOS CATALANES GUITART, DESPIDIERON A TODOS LOS EMPLEADOS NEGROS Y DE COLORES SERIOS "PARA NO DAR UNA MALA IMPRESIÓN AL TURISMO".
(EXTRAÑO SOCIALISMO ÉSTE DE FIDEL 93).

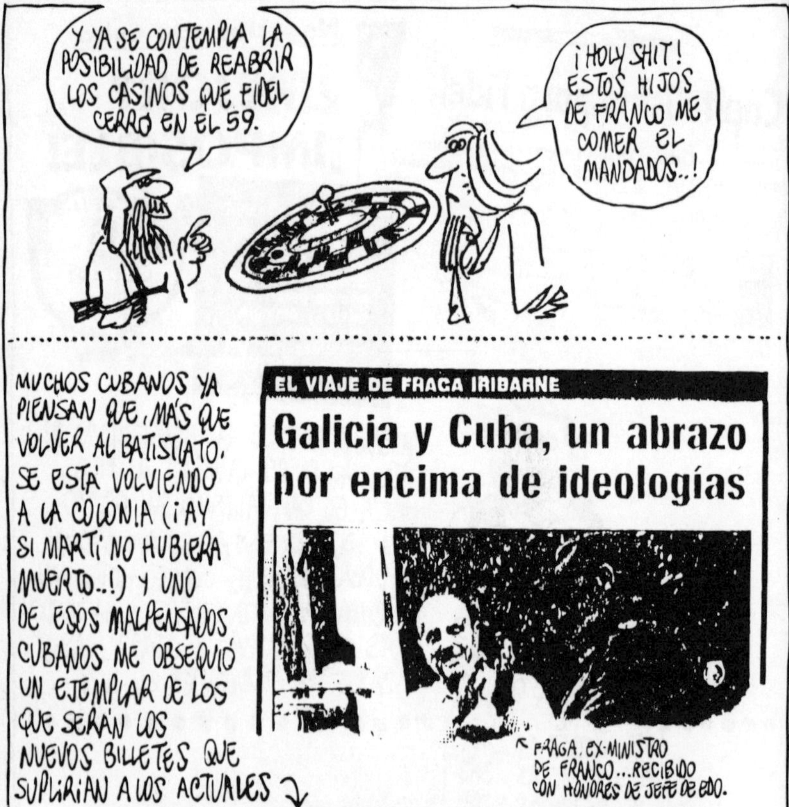
Y YA SE CONTEMPLA LA POSIBILIDAD DE REABRIR LOS CASINOS QUE FIDEL CERRÓ EN EL 59.
¡HOLY SHIT! ESTOS HIJOS DE FRANCO ME COMER EL MANDADOS..!
MUCHOS CUBANOS YA PIENSAN QUE, MÁS QUE VOLVER AL BATISTIATO, SE ESTÁ VOLVIENDO A LA COLONIA (¡AY SI MARTÍ NO HUBIERA MUERTO..!) Y UNO DE ESOS MALPENSADOS CUBANOS ME OBSEQUIÓ UN EJEMPLAR DE LOS QUE SERÁN LOS NUEVOS BILLETES QUE SUPLIRÍAN A LOS ACTUALES
EL VIAJE DE FRAGA IRIBARNE
Galicia y Cuba, un abrazo por encima de ideologías
FRAGA, EX-MINISTRO DE FRANCO...RECIBIDO CON HONORES DE JEFE DE EDO.
EL BANCO ESPAÑOL DE LA ISLA DE CUBA

Y... ¡POR ANDAR TURISTEANDO SE DESVIARON DEL TEMA: POR QUÉ FRACASÓ EL SOCIALISMO CUBANO, BOLUDOS !!?
EJEM, ES QUE LO ESTÁBAMOS ESPERANDO PARA HABLAR DE LA VELA QUE LE TOCA EN EL ENTIERRO, CHE.
de todos los misterios cubanos, hay uno que no se ha logrado resolver...:
¿CÓMO CONVENCIÓ FIDEL AL CHE QUE ERA ECONOMISTA?
¿O FUE AL REVÉS?
PUES EN AQUEL CAÓTICO Y MOVIDO AÑO DE 1959, TODO PARECÍA INDICAR QUE LOS ECONOMISTAS SE IBAN A ENCARGAR DE LA ECONOMÍA...
Gentes como FELIPE PAZOS, ERNESTO BETANCOURT, RUFO LÓPEZ FRESQUET, CEPERO BONILLA Y REGINO BOTI...
1959
1960
GENTE JOVEN, PREPARADA Y CON EXPERIENCIA, NACIONALISTAS Y ANTIBATISTAS, PERO QUE NO HABÍAN LUCHADO EN LA SIERRA CON FIDEL.
¿cómo voy a confiar en ellos si no me obedecen?
Y AL RATO, FIDEL LOS OBLIGÓ A IRSE A MIAMI, ACUSADOS DE CONTRARREVOLUCIONARIOS.

EN LO FUTURO Y TRAS LOS ACUERDOS CON MIKOYÁN (1960) FIDEL -QUE NO SABE NI PAPA DE ECONOMÍA- DECIDE ENCARGARSE DE LA ECONOMÍA- CON EL AUXILIO DEL CHE. QUE TAMPOCO ENTIENDE MUCHO DE LO QUE SE TRATA. PERO IGUAL LE ENTRA...
Tú te encargas del Banco, ernesto.
Bueno, al fin que no es mi país.
¡NO ES POSIBLE!
¿Y YA VISTE CÓMO FIRMA ESE DESCARADO LOS BILLETES?
LOS BILLETES DE CUBA SE IMPRIMÍAN EN ESTADOS UNIDOS, QUE EN UN MOMENTO DADO INTENTÓ INUNDAR LA ISLA CON EXCESO DE PAPEL MONEDA.
→ PARA EVITAR LA MANIOBRA, EL CHE, EN UNA OPERACIÓN SECRETA, EMITIÓ NUEVOS BILLETES IMPRESOS EN CHECOSLOVAQUIA, QUE SI BIEN NO DIBUJÓ (SÓLO NARANJO PODRÍA), SÍ LOS FIRMÓ ASÍ →
Che
10 BANCO NACIONAL DE CUBA 10
PATRIA O MUERTE
DIEZ PESOS
DIEZ PESOS
CUBA TERRITORIO LIBRE DE AMERICA
PRESIDENTE DEL BANCO
MINISTRO DE HACIENDA
E 30
275605
SERIE DE 1961
MAXIMO GOMEZ
10
10

PERO EN REALIDAD, NO HACÍA FALTA QUE FIDEL Y EL CHE FUERAN ECONOMISTAS: YA FIDEL HABÍA DECIDIDO RENTARLE EL PAÍS A LOS SOVIÉTICOS Y QUE ELLOS SE ENCARGARAN DE MANEJAR LA ECONOMÍA CUBANA PARA VOLVERLA SOCIALISTA...
Yo me nombro Gerente Administrador de la Isla, encargado de la Agricultura y Ganadería, y el Che va de Gerente Industrializador.
Y GERENTE DE VENTAS: ME VOY A COMPRAR 200 FÁBRICAS A LA "IRON CURTIN CORPORATION" DE MOSCÚ Y ASOCIADOS.
ÉSE FUE EL PEOR NEGOCIO DE FIDEL CASTRO: VOLVERSE SUCURSAL DE LA URSS Y NO DE LA USA. (SU MERCADO NATURAL Y MÁS CERCANO.)
CUBA

¡Pedirle protección a la competencia de la potencia más grande y maffiosa del mundo!
SONRÍA, JEFE.
NO QUISO HACER CASO LO QUE LE DIJERON: QUE LA EMPRESA SOVIÉTICA ESTABA A PUNTO DE QUEBRAR.
"SMILE"
EN VEZ DE INTENTAR UN SOCIALISMO CUBANO, CON PERSPECTIVAS DE SEGUIR COMERCIANDO CON ESTADOS UNIDOS, FIDEL DECIDIÓ CALCAR EL MODELO MOSCOVITA, OBSOLETO, CADUCO, IMPRODUCTIVO E INEFICIENTE...
Ah, pero lo que no saben ustedes ni los bolos rusos, es que YO voy a manejar mi empresa como YO quiero, no como ellos quisieran.

LA MATRIZ DE MOSCÚ ENVIÓ CIENTOS DE TÉCNICOS PARA HACER LOS PLANES QUINQUENALES DE LA FILIAL CARIBEÑA. PERO DON FIDEL -POR LO MENOS HASTA 1970- NI LOS PELÓ. DECIDIDO A MANEJAR SU EMPRESA CON SUS PROPIOS PLANES...
FIDEL
¿FIDEL? YA ESTÁ POR SALIR AL PLAN ESPECIAL DE SUPERPOLLOS.
PARECERÁ BROMA, PERO ASÍ FUERON LOS PRIMEROS AÑOS DE "CONSTRUCCIÓN DEL SOCIALISMO": LOS SOVIÉTICOS POR UN LADO TRATANDO DE ORGANIZAR (A SU ESTILO) LA ECONOMÍA, Y POR OTRO FIDEL IMPONIENDO SUS "PLANES ESPECIALES".
"CONVERTIREMOS LA CIÉNEGA DE ZAPATA EN EL LAGO DE AGUA DULCE MÁS GRANDE DEL MUNDO Y AHÍ MISMO SEMBRAREMOS 10 MIL CABALLERÍAS DE ARROZ Y DAREMOS EMPLEO A 120 MIL TRABAJADORES: YA NO IMPORTAREMOS MÁS ARROZ!"

CADA UNO DE ESOS PLANES SE LLEVABA MEDIO PRESUPUESTO. NO SE PLANIFICABA SINO QUE ERA POR DECRETO. LO EJECUTABAN GENTES SIN PREPARACIÓN Y "COMO SALIERA", Y CLARO. TODOS FRACASARON.
¡VENCEREMOS!
VIVA SOCIALISTA
PEUBLO DE CUBA
YURI GAGARIN
VIVA
REVOLUCION SOCIALISTA
AQUÍ VAN ALGUNOS DE LOS PLANES ESPECIALES DE FIDEL (DE LOS QUE ME ACUERDO):
* PLAN DE LA RANA-TORO
* PLAN HIDROPÓNICO PARA SEMBRAR "EN SECO"
* PLAN DE LOS PLÁTANOS
* PLAN PARA ALMACENAR VINOS EN TODO CUBA
* PLAN DEL QUESO CAMEMBERT
* PLAN DE PASTIZALES
* PLAN DE LOS CHAMPIÑONES
* PLAN DE LAS SUPER-VACAS
* SUPER PLAN DEL CORDÓN DE LA HABANA (café)
* Y EL PEOR DE LOS PLANES FRACASADOS: LA CAÑA de AZÚCAR

LA CAÑA DE AZÚCAR ES Y HA SIDO LA RIQUEZA MÁXIMA DE CUBA, SU MAYOR FUENTE DE INGRESOS Y TAMBIÉN UNA PLANTA QUE NO REQUIERE TANTOS CUIDADOS COMO OTRAS Y, ADEMÁS, PUEDE SER UTILIZADA EN OTROS MENESTERES, COMO PRODUCTORA DE RON, DE PAPEL O DE FORRAJES PARA EL GANADO... ¡LA CAÑA ES UNA BENDICIÓN!

DURANTE SIGLO Y MEDIO, CUBA HABÍA VIVIDO DEL AZÚCAR (Y SU CONSIGUIENTE RON) Y OTROS PRODUCTOS AGRÍCOLAS (TABACO, CAFÉ, FRUTAS) Y DE UNA FLORECIENTE (?) GANADERÍA. ADEMÁS, SE PRODUCÍA YA CEMENTO, BAUXITA, ZINC, COBRE Y NÍQUEL EN CANTIDADES RESPETABLES. → EN 1958, LA ECONOMÍA CUBANA SE SOSTENÍA EN 4 SECTORES, ADEMÁS DE LA CAÑA:
1- GANADERÍA
2- TURISMO
3- TABACO
4- NÍQUEL
...O SEA, NO ÉRAMOS PAÍS MONOPRODUCTOR, NI MUCHO MENOS.
Y DE REPENTE, TRAS EL MALVADO RETIRO DE LA CUOTA AZUCARERA GRINGA, A FIDEL SE LE BOTA LA CANICA:
¡GUERRA A LA CAÑA DE AZÚCAR! HAY QUE INDUSTRIALIZAR AL PAÍS Y PRODUCIR LO QUE ESTAMOS IMPORTANDO...!
...COÑO, ¿PERO QUÉ SABE FIDEL DE AGRICULTURA?
DESOYENDO A ECONOMISTAS, AGRÓNOMOS Y CAMPESINOS QUE ACONSEJABAN LO CONTRARIO, FIFO MANDÓ CORTAR LA CAÑA Y NO SEMBRARLA EN LA ½ DE ESAS TIERRAS.

ÉSE SERÍA EL PRIMERO DE UNA SERIE DE ERRORES, ERRORES QUE A LA POSTRE LE DARÍAN EN LA MOTHER A LA ECONOMÍA CUBANA... Y DEL QUE CAYERON EN CUENTA UN POCO TARDE (HASTA 1964).
"Cometimos el error fundamental de desdeñar la importancia de la caña de azúcar, tratando de hacer una diversificación acelerada, lo que trajo como consecuencia el descuido de las cepas. No habíamos comprendido el hecho económico fundamental de que ninguna otra actividad agrícola daría el rendimiento que daba el cultivo de la caña de azúcar..."
¡HAY QUE JODERSE, CHICO!
LA PRODUCCIÓN DE CAÑA BAJÓ (Y LOS INGRESOS QUE PRODUCÍA). POR LO QUE FIDEL OTRA VEZ DIO MARCHA ATRÁS:
1970
LOS CDR CUMPLIREMOS
LOS DIEZ MILLONES VAN
PARA 1970 CUBA PRODUCIRÍA LO QUE EN TODA SU HISTORIA NO HABÍA HECHO: 10 MILLONES DE TONELADAS DE AZÚCAR... ¡PATRIA O MUERTE, VENCEREMOS!!
¿HASTA LOS 10 MILLONES DE TONELADAS?
¡ÓRALE, A PENSAR AL PANTEÓN!

"LOS 10 MILLONES REPRESENTAN ALGO MÁS QUE TONELADAS DE AZÚCAR. REPRESENTAN ALGO MÁS QUE UNA VICTORIA ECONÓMICA.. ¡ESA ZAFRA ES UN RETO. UN COMPROMISO MORAL PARA NUESTRO PUEBLO! Y PRECISAMENTE POR SER UN RETO Y UN COMPROMISO DE HONOR. NO PODEMOS FALLAR NI EN UN GRAMO! ¡UNA LIBRA MENOS DE LOS 10 MILLONES - LO DECLARAMOS ANTE EL MUNDO ENTERO - SERÁ UNA DERROTA. NO UNA VICTORIA DE LA REVOLUCIÓN"!
18 oct. 1969 en Santa Clara.
PANCHO
¡ALARMA DE COMBATE!
Extra REVOLUCION Extra
LA NACION EN PIE DE GUERRA
Ordena el Primer Ministro Fidel Castro ante el
FIDEL HABLARA HOY AL PUEBLO
PARA CUMPLIR SU PALABRA DE HONOR, CASTRO PUSO A CORTAR CAÑA A TODOS: CERRARON ESCUELAS, FÁBRICAS Y MINISTERIOS. TODO EL EJÉRCITO. LA BUROCRACIA, EL COMERCIO Y HASTA LOS SEMINARISTAS. PARTICIPARON EN LA GUERRA DE LOS 10 MILLONES. DESCUIDANDO EL RESTO DE ACTIVIDADES PRODUCTIVAS...

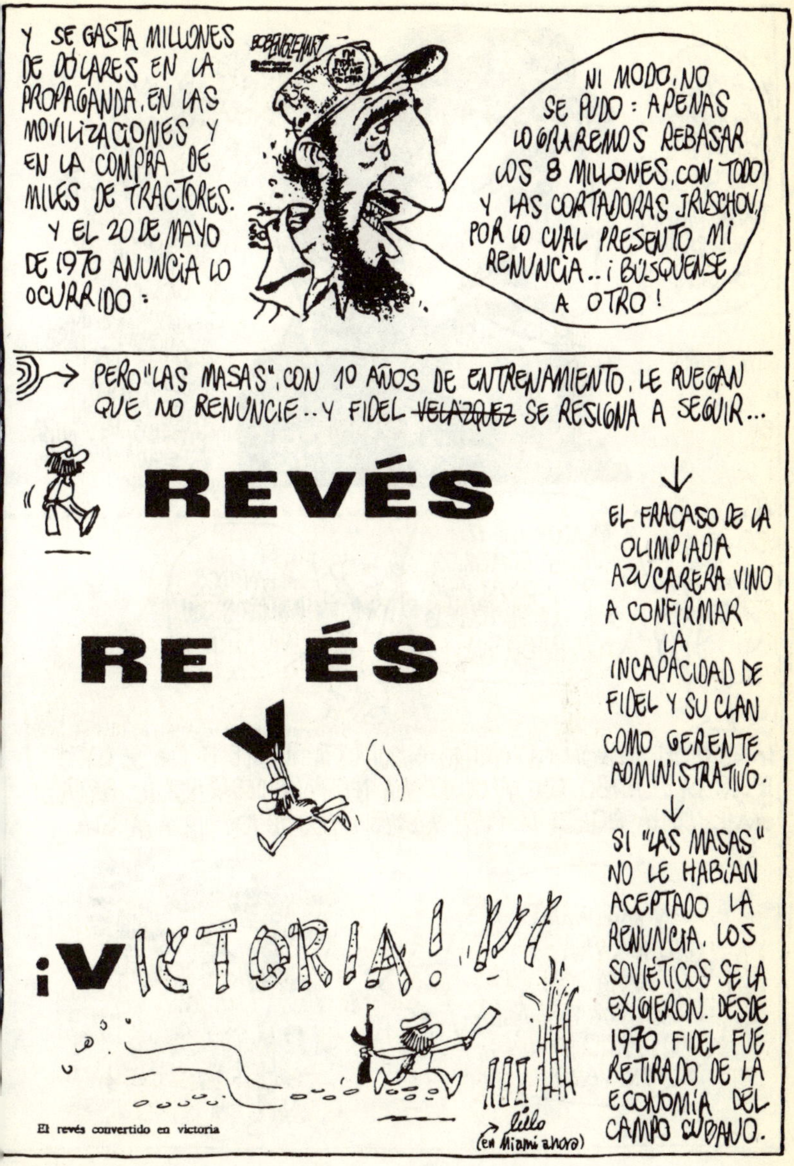
Y SE GASTA MILLONES DE DÓLARES EN LA PROPAGANDA, EN LAS MOVILIZACIONES Y EN LA COMPRA DE MILES DE TRACTORES.
Y EL 20 DE MAYO DE 1970 ANUNCIA LO OCURRIDO:
NI MODO, NO SE PUDO: APENAS LOGRAREMOS REBASAR LOS 8 MILLONES, CON TODO Y LAS CORTADORAS JRUSCHOV, POR LO CUAL PRESENTO MI RENUNCIA... ¡BÚSQUENSE A OTRO!
PERO "LAS MASAS", CON 10 AÑOS DE ENTRENAMIENTO, LE RUEGAN QUE NO RENUNCIE... Y FIDEL ~~VELAZQUEZ~~ SE RESIGNA A SEGUIR...
REVÉS
RE ÉS
V
¡VICTORIA!
EL FRACASO DE LA OLIMPIADA AZUCARERA VINO A CONFIRMAR LA INCAPACIDAD DE FIDEL Y SU CLAN COMO GERENTE ADMINISTRATIVO.
SI "LAS MASAS" NO LE HABÍAN ACEPTADO LA RENUNCIA, LOS SOVIÉTICOS SE LA EXIGIERON. DESDE 1970 FIDEL FUE RETIRADO DE LA ECONOMÍA DEL CAMPO CUBANO.
lulo
(en Miami ahora)
El revés convertido en victoria

BUENO, ASÍ PODRÉ DEDICARME A LO QUE SÉ: TIRAR TIROS Y HACERME PUBLICIDAD.
A PARTIR DE 1970, EL JUCEPLAN (JUNTA CENTRAL DE PLANIFICACIÓN) DIRIGIDO DEBAJO DEL AGUA POR LOS SOVIÉTICOS, TRATARÁ DE CORREGIR LAS BARBARIDADES ECONÓMICAS DE FIDEL Y COBRARSE POCO A POCO LA ENORME DEUDA EXTERNA DE CUBA...
BASADOS EN EL PRINCIPIO ECONÓMICO DE QUE, NO HAY PEOR COSA QUE UN PENDEJO CON INICIATIVA...
¡SÍ LA HAY: DOS PENDEJOS CON INICIATIVA..!
LA GESTIÓN ECONÓMICA CASTRO-GUEVARISTA (AUNQUE EL CHE SE CORTÓ DESDE 1965) ACABÓ CON LA ECONOMÍA DEL PAÍS, DESTRUYENDO BUENA PARTE DE LA RIQUEZA DE CUBA Y ENDEUDANDO DE POR VIDA A LA ISLA.
Y RACIONANDO (¿DE POR VIDA?) A LA POBLACIÓN... QUE DESDE 1962 PASA MEDIA VIDA HACIENDO COLAS... EN VANO...
¿QUIÉN ES EL ÚLTIMO?
YO APROVECHO BIEN EL TIEMPO
Yo también tengo turno en la peluquería y en la bodega

¿CUÁLES FUERON LAS BURRADAS COMETIDAS POR FIDEL (Y EL CHE, NI MODO...) QUE CONVIRTIERON A CUBA EN UN DESASTRE..?
→ LA REFORMA URBANA, QUE ACABÓ CON EL MERCADO DE LA CONSTRUCCIÓN Y EL ALQUILER DE VIVIENDAS. (hoy faltan 2 millones)
→ LA REFORMA AGRARIA, QUE ACABÓ CON EL LATIFUNDIO, PERO LO VOLVIÓ ESTATAL E INEFICIENTE, ACABANDO DE PASO CON LA RIQUÍSIMA GANADERÍA DE LA ISLA.
→ LA MILITARIZACIÓN DEL PAÍS Y LA ESCALADA ARMAMENTISTA, QUE SE TRAGARON LAS RESERVAS.
→ LOS PLANES ESPECIALES DEL CABALLO, QUE ACABARON CON EL ARROZ Y EL CAFÉ.
→ LA INDUSTRIALIZACIÓN A SALTOS, QUE SE TRADUJO EN COMPRAR 200 FÁBRICAS SIN TENER LAS MATERIAS PRIMAS NECESARIAS PARA PONERLAS A FUNCIONAR (NI GENTE).
→ LA NACIONALIZACIÓN (1968) DE TODOS LOS NEGOCIOS PARTICULARES (DESDE HOTELES HASTA CARRITOS VENDEDORES DE HOT-DOGS).
→ LA ESTATIZACIÓN DE LA ECONOMÍA, QUE CREÓ UNA MONSTRUOSA, INÚTIL E INEFICIENTE BUROCRACIA, QUE ACABÓ POR CORROMPER A TODA LA SOCIEDAD.

HABANA '91
¿Y EL CARÍSIMO CAPRICHO DE LOS JUEGOS PANAMERICANOS... Y LOS GRANDES CONGRESOS..?
LA COMBINACIÓN DE TODAS ESAS "BURRADAS REVOLUCIONARIAS", TOMADAS SIN PLANIFICACIÓN Y AL PURO IMPULSO IMPROVISADOR, SIN TOMAR EN CUENTA A LOS OBREROS Y CAMPESINOS, UNIDAS AL DESPILFARRO, AL DESPERDICIO Y A LA OPOSICIÓN DE LA GENTE QUE YA NO QUERÍA SEGUIRSE "SACRIFICANDO" POR EL FUTURO LUMINOSO QUE CADA AÑO PROMETÍA FIDEL, CONDUJERON AL PAÍS CASI A LA MISERIA...
del reparto de la riqueza que no se produjo, hemos llegado al reparto de la POBREZA.
FREYRE

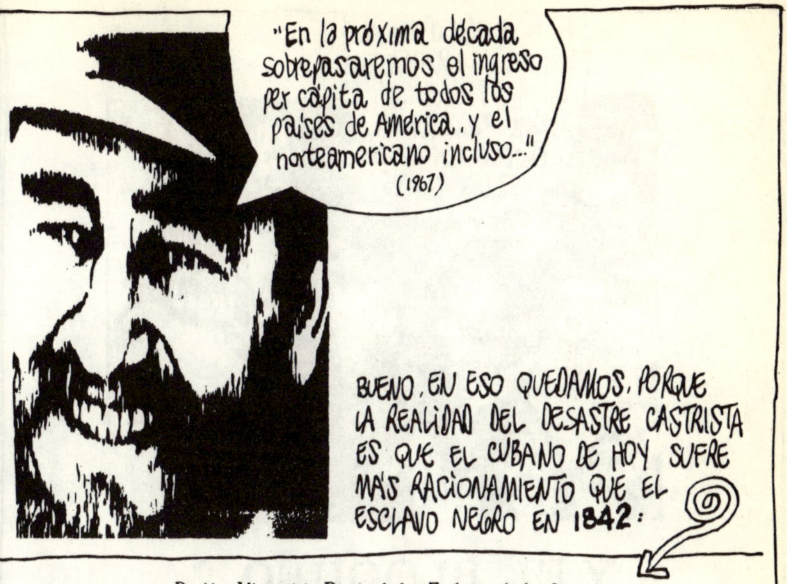
"En la próxima década sobrepasaremos el ingreso per cápita de todos los países de América, y el norteamericano incluso..."
(1967)
BUENO, EN ESO QUEDAMOS, PORQUE LA REALIDAD DEL DESASTRE CASTRISTA ES QUE EL CUBANO DE HOY SUFRE MÁS RACIONAMIENTO QUE EL ESCLAVO NEGRO EN 1842:

Ración Alimenticia Diaria de los Esclavos de los Ingenios Azucareros Cubanos en 1842:

	onzas diarias
Carne o bacalao	8
Arroz	4
Viandas	64
Harina	12

Grasa de acuerdo con la cría de sus cerdos.

Ración Alimenticia Diaria en la Cuba Socialista de 1962:

	onzas diarias
Carne, pollo o pescado	3
Arroz	3
Viandas	8
Frijol	8
Grasa	1

¡Y EN 1992 SE REDUJO A LA MITAD, CHICO!

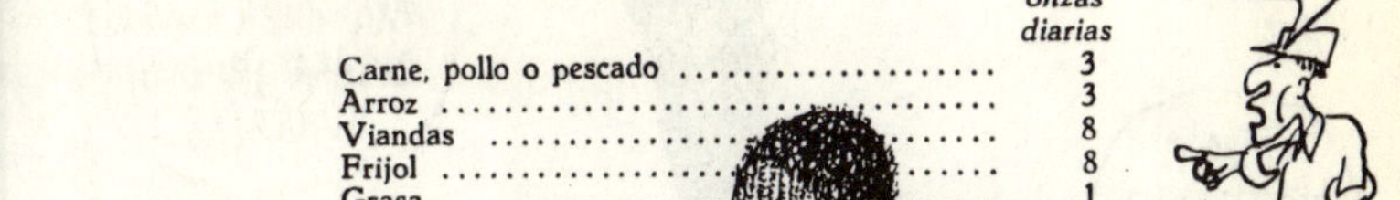
(Pero el Comandante dice que el culpable es el BLOQUEO...)

...SÍ, EL BLOQUEO MENTAL DE FIDEL... ¡Y POR FAVOR NO ME PREGUNTEN CÓMO RESULTÓ LA PRODUCCIÓN! VEAN USTEDES MISMOS...
¿ Y EL BLOQUEO..?
LA GENTE DE CUBA SE ENCOJONA CUANDO EL VISITANTE MENCIONA EL BLOQUEO COMO CULPABLE DE SU MISERIA:
¡Ningún bloqueo! Lo que pasa es que este @*#! sistema no ha funcionado nunca!
¡A FIDEL LE INTERESA QUE SIGA EL BLOQUEO, PARA TENER A QUIÉN CULPAR DE SUS BURRADAS!

"EN CUBA TENEMOS SERIAS DIFICULTADES, PERO NO ES POR LO QUE USTED LLAMA EL BLOQUEO. EN PRIMER LUGAR EL BLOQUEO NUNCA HA SIDO COMPLETO, Y EN SEGUNDO LUGAR EL BLOQUEO NOS HA PERMITIDO AUMENTAR SIN CESAR NUESTRO COMERCIO CON GRAN BRETAÑA, ESPAÑA Y FRANCIA, POR EJEMPLO... ¡NO, NUESTRAS DIFICULTADES SE DEBEN A NUESTROS ERRORES, Q. HAN SIDO MUCHOS!"
a Jean Daniel. 1973
EL BLOQUEO SE REDUCE A QUE CUBA NO PUEDE NI COMPRAR NI VENDER NADA A ESTADOS UNIDOS (EXCEPTO MEDICINAS) Y ESO SIEMPRE FUE MANEJADO POR CUBA COMO UN FRACASO GRINGO, PUES SE ADQUIRIAN MUCHOS PRODUCTOS YANQUIS VÍA OTROS PAISES...
CUBA
BUENO CHICO... Y PA' QUE TÚ QUIERE QUE NOS QUITEN EL BLOQUEO, SI DESPUE NADIE NOS VA A QUERE COMPRA LOS DISCURSOS DE FIDEL
¡COÑO! E' VELDA'
EL BLOQUEO SE HA VUELTO MÁS RÍGIDO POR LA LEY TORRICELLI, QUE "PROHIBE" QUE COMPAÑIAS DE USA ESTABLECIDAS EN OTROS PAISES, COMERCIEN CON CUBA, Y AMENAZA A OTROS PAISES INCLUSO, SI COMERCIAN CON CUBA...

DURANTE MUCHOS AÑOS LA PROPAGANDA CASTRISTA MANEJÓ EL BLOQUEO COMO CASI UN BENEFICIO PARA CUBA, PORQUE:
a) Habíase roto la dependencia.
b) Cuba había diversificado sus mercados.
c) Habíase Cuba obligada a rascarse con sus uñas.
VUESTRO SOCIALISMO NO LO PUEDES BLOQUEAR, NO VIENE DE AFUERA
Y ULTIMADAMADREMENTE, MAMÁ URSS NOS DA LA CHICHE QUE NOS QUITÓ LA CASA BLANCA...
SIN EMBARGO, CUANDO LAS LOCAS AVENTURAS AFRICANAS LLEVARON OTRA VEZ A CUBA AL DESASTRE ECONÓMICO (Y SOCIAL), LA HÁBIL PROPAGANDA CASTRISTA VOLVIÓ A RESUCITAR EL COCO DEL BLOQUEO...
¡ARRIBA, QUE CON ESTA DOBLE FUERZA, NO HAY DOBLE BLOQUEO!
QUE A RESULTAS DEL DERRUMBE DEL CAMPO SOCIALISTA, SE VOLVIÓ DOBLE BLOQUEO...
(Y DOBLE PRETEXTO PARA FIDEL DE SEGUIR METIENDO EL CHOCLO...)

COMO RECIÉN DIJIMOS, EL PEOR NEGOCIO DE FIDEL FUE LA DEPENDENCIA DE LA ECONOMÍA CUBANA AL CAMPO SOCIALISTA, QUE NO SE HA DISTINGUIDO EN LOS ÚLTIMOS 50 AÑOS POR TENER UNA ECONOMÍA MUY SANA QUE DIGAMOS...
CANADIAN WHEAT
EL SOCIALISMO SOVIÉTICO TERMINÓ SIENDO EL SISTEMA MÁS IMPRODUCTIVO E INEFICIENTE DEL MUNDO.
¿DESCONOCÍA FIDEL (Y EL CHE) LA REALIDAD DE LA ECONOMÍA DE LA URSS? PARECE QUE SÍ, QUE SE FUE CON LA PROPAGANDA DEL "EMPORIO SOVIÉTICO":
"EL COMUNISMO ES UN SISTEMA QUE RESUELVE EL PROBLEMA ECONÓMICO, PERO QUE SUPRIME LAS LIBERTADES QUE SON TAN CARAS AL HOMBRE... EL ESTADO COMUNISTA SACRIFICA AL HOMBRE TAN DESPIADADAMENTE COMO EL ESTADO CAPITALISTA..." REVOLUCIÓN 22 MAYO 1959
(AHORA-SUPONGO-CREERÁ AL REVÉS...)

Zeit im Bild HEUTE: Rainer Hachfeld
HACHFELD
To Fidel
AHORA QUE SUS AMIGOTES LO DEJARON SOLO Y CON LA CUENTA. FIDEL DEBE PENSAR POR QUÉ NO LE HIZO CASO AL CHE EN 1963 CUANDO ÉSTE LE HIZO VER QUE "LOS PAÍSES SOCIALISTAS SON CÓMPLICES DE LA EXPLOTACIÓN IMPERIAL" (Argel 1963) Y QUE DE SEGUIR COPIANDO A LA URSS Y COMERCIANDO CON EL BLOQUE SOCIALISTA, PRODUCTORES DE FÁBRICAS DE CHATARRA Y MÁQUINAS INÚTILES Y ANTICUADAS, CUBA IRIA AL DESASTRE.
LOS RUSOS, ENOJADOS POR EL DISCURSO DE ARGEL, PIDIERON SU DESTITUCIÓN.
Y FIDEL LO CORRIÓ Y EL CHE SALIÓ DE CUBA SIN CREER YA EN FIDEL.

"¿EL CHE?.. ÉL PUEDE HABER PENSADO QUE TAL VEZ NUESTRA REVOLUCIÓN PODRÍA TERMINAR COMO TERMINABAN OTRAS REVOLUCIONES..."
(a Gianni Minà) 1988
LA INDEPENDENCIA QUE LOGRÓ CUBA RESPECTO A ESTADOS UNIDOS, SE PERDIÓ AL VOLVERSE CUBA DEPENDIENTE DE MOSCÚ Y ASOCIADOS, QUE NUNCA PUDIERON -NI REMOTAMENTE- PROVEER NI SIQUIERA DE LO NECESARIO, A LOS CONSUMIDORES CUBANOS.
¿Más vale morir de pie, que vivir de rodillas..? sí chico, pero ni la dignidad ni los discursos se comen.
DESDE QUE LA INGENUIDAD IGNORANTE DE FIDEL CAMBIÓ EL COMERCIO CON ESTADOS UNIDOS POR EL LEJANO PROVEEDOR SOVIÉTICO, CUBA HA VIVIDO RACIONADA, HACIENDO COLAS EN TIENDAS VACÍAS Y DEPENDIENDO DE LA CARIDAD DE LOS PARIENTES RICOS DE MIAMI PARA TENER UN PAR DE ZAPATOS, UNOS JEANS, UNA PASTA DE DIENTES Y UN DESODORANTE...

Y ES QUE, ADEMÁS, AL ROMPER CASTRO CON LOS ORGANISMOS FINANCIEROS INTERNACIONALES, LA MONEDA DE CUBA -QUE EN 1959 SE COTIZABA A LA PAR CON EL DÓLAR- VALE AHORA LO QUE SE LE UNTA AL QUESO, DENTRO Y FUERA DE CUBA.
BANCO NACIONAL DE CUBA
VEINTE PESOS
REPUBLICA DE CUBA
VEINTE 20 PESOS
EH TÍO. ¿CAMBIAS DÓLARES? 60 × 1..
¡LO QUE IMPORTA ES LA CONCIENCIA REVOLUCIONARIA: LAS COSAS MATERIALES NO IMPORTAN..!
TODAVÍA ANTES DE LA CAÍDA DEL MURO DE BERLÍN, LA PRENSA SOCIALISTA -YA LIBRE POR LA GLASSNOT- ACUSÓ A CASTRO DE "INEPTITUD Y DE SER UN MANTENIDO QUE SOBREVIVÍA GRACIAS A LOS SUBSIDIOS DE LA URSS Y LOS DEMÁS PAÍSES DEL BLOQUE SOCIALISTA"
(Novedades de Moscú-Nepzasabad 1989).
LA DEUDA CON LA URSS EN 1991 PASABA DE... 30 MIL MILLONES DE DÓLARES.
CUBA
©PIB 1057
Ruis

Y LA DEUDA CON OCCIDENTE ANDA POR LOS 4 MIL MILLONES DE DÓLARES (MÁS 250 MILLONES ANUALES DE INTERESES..)
"Y A CAMBIO DE LOS EXCELENTES PRODUCTOS YANQUIS, LLEGÓ LA CHATARRA DE LA URSS.."
MARX
(PUES LOS PRÉSTAMOS DE LA URSS Y COMPAÑÍA ESTABAN CONDICIONADOS A SER UTILIZADOS EN COMPRAR MERCANCÍAS, MATERIAS PRIMAS Y SERVICIOS DE ELLOS. CUBA NO PODÍA USAR LIBREMENTE EL PRÉSTAMO.)
XXVI CONGRESO DEL PCUS
EL cambio USA × URSS le aportó a cuba
más armamentos
más burocracia
más represión
y menos riqueza
menos bienes de consumo
menos independencia
menos alimentos
y
menos libertades...

EN CUANTO ESA LIBERTAD QUE PROMETÍA CASTRO EN 1958 Y 1959 DEJÓ DE ASOMARSE Y, AL CONTRARIO, LA GENTE VEÍA QUE ESA LIBERTAD DESAPARECÍA (libertad de asociación, libertad de expresión, libertad de prensa, libertad de desplazarse, libertad de cultos, etc. etc.) EL DESCONTENTO EMPEZÓ A MANIFESTARSE DE MIL FORMAS...
ESTAMOS TRABAJANDO MÁS Q. ANTES Y GANAMOS MENOS QUE ANTES..!
PERO HOY TRABAJAMOS POR CUBA Y LA GRAN REVOLUCIÓN.
LA GENTE NO ENTENDÍA CÓMO CON LA EXPLOTACIÓN CAPITALISTA NO HABÍA ESCASEZ DE NADA Y HABÍA LIBERTADES... Y CON LA EXPLOTACIÓN SOCIALISTA ESCASEABA TODO, HASTA LAS LIBERTADES...
CHICO, ES QUE ÉSAS ERAN LIBERTADES BURGUESAS, ILUSIONES DE LIBERTADES.
VE LO QUE DICE KONSTANTINOV EN LA PÁG-326 DE SUS FUNDAMENTOS.
DÉJENSE DE BOBERÍAS: A ESTE ELEMENTO ANTISOCIAL HAY QUE MANDARLO PARA SU REEDUCACIÓN AL CAMPO NÚMERO 640.

DESDE LOS PRIMEROS AÑOS, EL PUEBLO CUBANO SE NEGÓ A DEJARSE ENCUADRAR EN UN SISTEMA QUE LE ERA AJENO A SU BULLANGUERA, TROPICAL Y DESPREOCUPADA IDIOSINCRASIA...
Que viva la pachanga. que viva Carlo Marx, que viva mi abuelita, que está leyendo a Marx.
Subdesarrollo Pérez
POR ARISTIDE
BUENO, MIS SOCIALES, LA SEMANA QUE VIENE SALE LA BRIGADA PAL CORTE Y TENEMOS QUE SER UNA BOLA DE HUMO EN ESO. YO EN ESA BOLÁ SOY TODOS LOS AÑOS EL PRIMERO EN MI PUESTO
COMPAÑEROS TRABAJADORES: A CUMPLIR Y SOBREPASAR TODAS LAS METAS
LOS CUBANOS NUNCA TOMARON EN SERIO EL SOCIALISMO (DECÍA EL CHE QUE HABÍA MÁS ENTUSIASMO QUE DISCIPLINA...) Y CUANDO SE ACABÓ EL ENTUSIASMO Y LA FE EN FIDEL Y SUS PROMESAS, LOS OBREROS Y CAMPESINOS SE PASARON AL EQUIPO DE LA SIMULACIÓN, LA APATÍA Y EL IMPORTAMADRISMO.

ESA RESISTENCIA CUBANA A DEJARSE DISCIPLINAR EN ARAS DE UN FUTURO LUMINOSO Y PRÓSPERO QUE NO LLEGA JAMÁS, SE HA MANIFESTADO DESDE 1959 EN TODAS LAS FORMAS POSIBLES:
DESDE LOS SABOTAJES, Y ALZAMIENTOS ARMADOS DE LOS PRIMEROS AÑOS.
(Remember el Escambray que Fidel presentó como un alzamiento pagado por la CIA.)
PASANDO POR TODAS LAS FORMAS DE "RESISTENCIA CIVIL" COMO:
• AUSENTISMO LABORAL
• "DESCUIDOS" EN LAS FÁBRICAS Y TALLERES
• DESTRUCCIÓN DE EQUIPOS
• DESPILFARROS
• NEGATIVA A PAGAR IMPUESTOS, TARIFAS ELÉCTRICAS, BOLETOS EN AUTOBUSES, etc.
• DESTRUCCIÓN DE SERVICIOS PÚBLICOS
• INCUMPLIMIENTO DE LAS NORMAS LABORALES Y DE SEGURIDAD INDUSTRIAL
O DEJAR QUE SE PIERDAN LAS COSECHAS, DEJAR QUE LA MAQUINARIA SE SIGA DESCOMPONIENDO O QUE LAS MERCANCÍAS EN LOS MUELLES SE ECHEN A PERDER O QUE EL TURISTA SE DESESPERE ESPERANDO UN CAFÉ...

¿TRABAJO O NO TRABAJO? ¿HAGO COLA O VOY A TRABAJAR? MEJOR NI HAGO COLA NI VOY A TRABAJAR...
TOTAL, NO HAY NADA QUE COMPRAR.
SI NO HAY NADA QUE COMPRAR, NO HAY ESTÍMULO PARA EL TRABAJO... Y SI SE PUEDEN CONSEGUIR LAS COSAS SIN IR A TRABAJAR, EN EL MERCADO NEGRO O EN EL SOCIOLISMO, LA GENTE TODA ACABA POR CAER EN LA CORRUPCIÓN...
OYE MI SOCIO.. ¿ME PUEDES TÚ CONSEGUIL PINTURA DE LA QUE HACEN EN LA FÁBRICA PARA LOS HOSPITALES?
TODO SE PUEDE CONSEGUIR EN CUBA. O VÍA SOCIOLISMO O VÍA MERCADO NEGRO, EN EL QUE PARTICIPA EL 90% DE LOS CUBANOS...
Aquí ya entramos a la ECONOMÍA DE MERCADO (pero NEGRO).

FIDEL SIGUIÓ A LA PERFECCIÓN EL MODELO SOVIÉTICO DE SOCIALISMO QUE SE PUEDE RESUMIR ASÍ:
LENIN
UN ESTADO-PARTIDO...
IMPRODUCTIVO, REPRESIVO, INCAPAZ EN LO ECONÓMICO,
PERO
QUE GARANTITA EL PODER TOTAL CON AYUDA DE LA SEGURIDAD.
(CUALQUIER PARECIDO CON MIS SUEÑOS, ETC. ETC. ETC.)
MARX
(EN LO PERSONAL, ME GUSTA MÁS LA DEFINICIÓN QUE HIZO UN HUMORISTA RUSO)
En el Socialismo
"no hay desempleo", pero nadie trabaja...
nadie trabaja, pero siempre se superan las metas...
se superan las metas, pero no hay nada que comprar...
nada hay que comprar, pero a nadie le falta nada...
No les falta nada, pero todos se quejan...
Todos se quejan, pero van a gritarle vivas a Fidel y están con la Revolución...
Están con la Revolución,
pero tratan de irse a Miami cuanto antes.

LOS PROBLEMAS DE NUESTRO PAIS SOLO LOS PUEDE RESOLVER LA REVOLUCION
→ LA TRISTE REALIDAD QUE FIDEL Y LOS POCOS QUE TODAVÍA SE LA CREEN SE NIEGAN A RECONOCER, ES QUE EL SISTEMA INVENTADO POR ÉL, LA CARICATURA DE SOCIALISMO, HA FRACASADO: CUBA ESTÁ EN QUIEBRA ECONÓMICA Y SOCIAL...
(En Cuba nadie fue informado que el Banco Nal. de Cuba se declaró en bancarrota en sept. de 1982, muchísimo antes de la Perestroika...) (Y que en 1986 cesaron los pagos de la Deuda Externa.)
Alan E. Cober '80

SOMOS UNA ESPERANZA,
SOMOS UNA TRINCHERA
DE LA INDEPENDENCIA
DE AMERICA LATINA
¡TE SERÉ FIEL!
¡SOCIALISMO O MUERTE!
ELLOS MURIERON LUCHANDO POR LA DIGNIDAD Y LA LIBERTAD DE TODOS LOS HOMBRES
l destino nos ha convertido en
banderados del movimiento revolucionario
rogresista y democrático del mundo
EN CUALQUIER CALLE
EN CUALQUIER CUADRA
CON LA GUARDIA EN ALTO CON LA GUARDIA
FIDELIDAD
¡YO ME QUEDO!
REVOLUCIÓN SI
SEREMOS COMO EL CHE!
YA NO ES POSIBLE QUE SE SIGA GOBERNANDO A UN PUEBLO A BASE DE SLOGANS Y CONSIGNAS QUE ENVIDIARIA LA COCA-COLA (FIDELidad para siempre!).
NI BAJO UN SISTEMA AUTORITARIO Y REPRESIVO QUE NIEGA LOS DERECHOS HUMANOS. COÑO!! ← LICENCIA POÉTICA
PAREDÓN!
LA REFORMA AGRARIA VA
CUBA SI!
YANQUIS NO
NACIONALIZADO
LOS DIEZ MILLONES VAN
TODOS SOMOS UNO
PLAYA GIRÓN
QUE SE VAYAN
REFORMA AGRARIA
AQUI NADIE TIENE MIEDO
NO TIRES EL SEXTO
HASTA LA VICTORIA SIEMPRE
LIBERTAD O MUERTE
GANAR LA BATALLA DE LAS

¿Y CÓMO SE HA SOSTENIDO EL PRI? ESO DE "DEMOCRACIA Y JUSTICIA SOCIAL" ES DE RISA LOCA...!
EL ULTIMO FRAGMENTO DEL MURO
HELGUERA
¿HASTA CUANDO SEREMOS EX SOCIALISTAS? YA TENGO GANAS DE SER ALGO
→ COMO DECIAMOS HACE RATO, LA TRISTE REALIDAD DE CUBA ES QUE ESTÁ EN QUIEBRA.
→ EL PAÍS NO TIENE NI RESERVAS, NI DIVISAS CON QUÉ PAGAR LO QUE NECESITA URGENTEMENTE.
→ Y EL SISTEMA NO PRODUCE PARA GENERAR DIVISAS... ¡TODO UN LINDO CIRCULO VICIOSO!

HELGUERA
Y NO ES QUE TODO EL MUNDO SE NIEGUE A VENDERLE PETRÓLEO A CUBA...SINO QUE CUBA NO TIENE CON QUÉ PAGARLO, NI HAY YA QUIEN SE LO FIE (NI SUS ANTIGUOS SOCIOS...)
¡CABALLEROS: LLEGÓ LA HORA DE SÁLVESE QUIEN PUEDA, PERO PRIMERO LA PATRIA, LUEGO LA REVOLUCIÓN Y EL SOCIALISMO..!
FIDEL NO HA PODIDO RESOLVER EN 35 AÑOS LOS 3 PROBLEMAS PRINCIPALES DEL PUEBLO: DESAYUNO, COMIDA Y CENA, Y HA OBLIGADO AL CUBANO A VOLVERSE CORRUPTO, HIPÓCRITA Y MENTIROSO PARA PODER SOBREVIVIR...
QUIENES NO SE HAN AGACHADO, O ESTÁN EN MIAMI O ESTÁN EN LAS DELICIOSAS CÁRCELES DEL CASTRISMO-STALINISMO...
DR. FIDEL CASTRO

CARAY, NO ME DIGAN QUE EN CUBA HAY REPRESIÓN.
CLARO: EN CUBA NO FALTA NADA... ARGHHHH
NO ES REPRESIÓN: ES REC-TI-FI-CA-CIÓN.
DESDE SUS INICIOS, LA REVOLUCIÓN MOSTRÓ UNA CAPACIDAD CASI CASI ESPAÑOLA DE **INTOLERANCIA**, RAYANA EN EL FANATISMO RELIGIOSO.
Somos socialistas palante y palante, y al que no le guste, que tome purgante.
"SI EL CHE O RAÚL SE PONEN CONTRA LA REVOLUCIÓN, LOS FUSILO: YO NO CREO NI EN MI MADRE!!"
"EL QUE NO ESTÁ CON LA REVOLUCIÓN LE HACE EL JUEGO AL ENEMIGO.."
"DENTRO DE LA REVOLUCIÓN TODO, CONTRA LA REVOLUCIÓN, NADA..!"
¿Y QUÉ ERA LA REVOLUCIÓN Y LO REVOLUCIONARIO..?

LA REVOLUCIÓN ES LA REVOLUCIÓN.

Специальный номер о Московском процессе
БЮЛЛЕТЕНЬ ОППОЗИЦИИ
(БОЛЬШЕВИКОВ-ЛЕНИНЦЕВ)
Bulletin de l'Opposition (Bolcheviks-Léninistes)
№ 52-53
Московский процесс — процесс над Октябрем

HASTA HOY NADIE HA PODIDO SABER CONCRETAMENTE QUÉ DIABLOS ES LA REVOLUCIÓN. NI EN QUÉ CONSISTE SER REVOLUCIONARIO... PERO SÍ CUÁLES SERÍAN LAS ACTIVIDADES CONTRARREVOLUCIONARIAS; **A SABER:**

→ Pedir o pretender pedir AUMENTO DE SUELDO.
→ Escuchar la VOZ DE LAS AMÉRICAS o RADIO MARTÍ.
→ Leer o tener libros prohibidos → Ser TESTIGO DE JEHOVÁ.
→ Ser homosexual o usar el pelo largo.
→ Hablar mal de la Revolución y sus dirigentes (y sus medidas).
→ Ser pariente de algún fugado a Miami.
→ (Hasta julio del 93: tener dólares).
→ No participar en el trabajo voluntario.
→ Querer salir del país, aunque sea legalmente.
→ No delatar a un contrarrevolucionario.
→ Hablar en público o en privado con extranjeros.
→ Reunirse más de 3 personas (ART. 240 del Código Penal).
→ Apoyar el respeto a los Derechos humanos.
→ No participar en actos públicos y elecciones...

ETC, ETC, ETC, ETC, ETC, ETC

¡ES UN SUBVERSIVO, ANDA VENDIENDO PRESTOBARBAS GILLETE
MAGU
¡VAMO, NO ESAGEREN! NECESITARIAMOS TENEL MILLONES DE AGENTES PA' CONTROLÁ A TODA LA CONTRA..!!
PUES LOS TIENEN: FIDEL INVENTÓ UN ORGANISMO QUE NI A STALIN Y BERIA SE LES HABÍA OCURRIDO → EL CDR (Comité de Defensa de la Re)
Existe un CDR en cada manzana, dedicado a VIGILAR, pero también a organizar al vecindario en labores de limpieza, recolección, adorno de la calle, ayuda al vecino, vacunaciones, reparto de propaganda, etc.
EN ESE ETCÉTERA SE DEBE LEER: DELACIÓN...
ven acá, chica, que mi vecino del 12 oye un disco de Celia Cruz ¡y en inglé..!
193

CUALQUIER ACTIVIDAD "SOSPECHOSA" DE SER CONTRARREVOLUCIONARIA (DESDE SER CATÓLICO HASTA RECIBIR CORRESPONDENCIA "CAPITALISTA") PASA A FORMAR PARTE DEL EXPEDIENTE QUE LA SEGURIDAD DEL ESTADO LLEVA DE TODOS Y C/UNO DE LOS HABITANTES DE CUBA.
¡DELATO.. LUEGO, EXISTO!
CHICO. ESTOS CARICATURISTAS SIEMPRE TAN EXAGERADOS.
FREEDOM
OJALÁ ESTUVIÉRAMOS EXAGERANDO O MINTIENDO (COMO LO HACE EL COMANDANTE). CUANDO LE DECLARA AL VOCERO GIANNI MINÁ:
"No hay nadie preso simplemente por ser adversario político de la Revolución. Ni una sola vez se ha dado un caso de un prisionero torturado. de un preso asesinado. Tal vez sea el único proceso revolucionario en el mundo, que no usó jamás la violencia contra un prisionero, contra un arrestado."

CUALQUIERA DE LOS MILES QUE HAN PASADO POR LAS CÁRCELES DE CASTRO, LE PODRÍA PREGUNTAR:
Sergio Bravo. Cuando me fugue en la requisa posterior le dieron un balazo en la pierna, pero no era necesario amputarla.
Roberto Martín Pérez Rodríguez. Uno de los presos más antiguos del mundo. Recibió un balazo en los testículos en la masacre de Boniato.
Dr. Emilio Adolfo Rivero. Fue torturado durante meses para arrancarle una confesión. Sufrió años de confinamiento. Vive en Washington.
Eduardo Capote. Revolucionario que lucho contra Batista. Tiene las manos mutiladas a machetazos en la prisión de la Cabaña.
Roman Abraham Aceituno. Fue uno de los heridos graves en la paliza de Guanajay.
Roberto Perdomo. Oficial revolucionario. Fuimos detenidos el mismo día. Dijo al Director de Boniato que nunca usaríamos el uniforme de los criminales y así fue.
Mario Chanes. Uno de los Comandantes que con los Castro asaltó el cuartel Moncada y mas tarde desembarcó del «Granma». Castro lo mantiene en la carcel.
Mario Morfi. Estuvo a punto de morir hundido en la charca de excrementos. Vive ahora en Puerto Rico.
Carlos Betancourt. Periodista combativo. Compartimos el trabajo forzado. Fue uno de los del grupo que captamos a un Instructor Político. Vive en Miami.
Eloy Gutiérrez Ménoyo. Español. Jefe del Segundo Frente Nac. del Escambray que peleó contra Batista. Liberado en 1986.
Enrique Díaz Correa. Cuando trató de sostener el cadaver del Hermano de la Fe recibió 9 impactos de bala. Vive en Miami.
Alfredo Izaguirre. Fue el único prisionero que no trabajó nunca en trabajos forzados. La paliza, bayonetazos y culatazos lo tuvieron al borde de la muerte. Vive en Miami.
Orlando Peña. Uno de los supervivientes de las «gavetas» y de los mas torturados. Vive en Miami.
Rogelio Villardefrancos. Telegrafista. Los dos juntos colgados de una ventana manteníamos las comunicaciones. Vive en Miami.
Oscar Rodríguez «Napoleoncito». Uno de los héroes de las «gavetas» de «San Ramón» y «Tres Macios». Fue herido de bala en un muslo.
Alcides Martínez, otro de los heroes de las «gavetas». Fue torturado casi hasta la locura. Vive en Miami.
«Chichi» del Valle. Lo fusilaron con balas de salva. Fue torturado durante meses e interrogado por el propio Raul Castro. Vive en Florida.
Jose Carreño. Superviviente de las tapiadas de Boniato y de los planes de experimentación biológica donde fue uno de los mas graves.
Dr. Enrique Cepero. Colgado de una reja sacó una muela a traves de los hierros al ex-Cmdte. Rojas. Usó unas tenazas. Vive en Miami.
¿QUÉ PERDIÓ PRIMERO, COMANDANTE, LA VERGÜENZA O LA MEMORIA..?

QUIENES, ENTUSIASTAS E INOCENTES CREIMOS QUE EN LA NUEVA CUBA SE HABÍA ESTABLECIDO UN RÉGIMEN HUMANISTA Y PROCURADOR DE JUSTICIA, EMPEZAMOS A DUDARLO...
LLEGÓ EL COMANDANTE Y MANDÓ A VOLAR
VÁMONOS, CAROL, AQUÍ NO HAY NADA PARA FOTOGRAFIAR: NI DISCRIMINACIÓN, NI PERIODISTAS VENALES NI POLICÍA, NI DIPUTADOS, NI GOBERNADORES, NI MORDIDA, NI...
...CUANDO SE EMPEZARON A CONOCER LOS TESTIMONIOS DE EXILIADOS, LOS INFORMES DE LAS NACIONES UNIDAS, DE AMNISTY INTERNATIONAL, DE LOS ESCRITORES Y PERIODISTAS QUE UN TIEMPO APOYARON LA REVOLUCIÓN...
CUBA HABÍA RESULTADO UN GULAG TROPICAL...
Benjamín Brito.
«Chaguitos Gonzalez
LO DECÍA "SELECCIONES", PERO... ¿QUIÉN DE LA IZQUIERDA LE CREÍA...?
Vicente Socarras
Dr. Alberto Vivas.
Thomas White, norteamen-
Ismael Domingu
Celestino Méndez.
Carlos Alberto Montaner. Brillante ensayista y escritor
«Pepín» Varona.
Fernando Pruna y su espo-
Pierre Golendorf. Antiguo militante del Partido Comunista Francés.

EL GULAG DE LAS AMERICAS

LA HABANA
PINAR DEL RIO
MATANZAS
LAS VILL
CAMAGÜEY
ORIENTE

.GUNAS DE LAS PRISIONES POLITICAS CAMPOS DE CONCENTRACION EN CUBA

vincia de Pinar del Río

sionos ■

Pinar del Río
a de Los Coches
binado Sandino

npos de Concentración ●

El Jovero/El Indio
La Tranquilidad
La Vigía
Sandino n.º 1
El Corojo
La Majana
El'Caribe
l Brujo
l Baiv
l Cuajani
os Coches
eco-Taco
an Antonio

Provincia de La Habana

Prisiones ■

La Cabaña
G-2 Habana
El Morro
Guanajay
Mulgoba (para mujeres)
Guines
Habana del Este
Occidental de Mujeres

Campos de Concentración ●

1. La Clarita
2. Mulgoba
3. Arco iris
4. Picadura
5. Alamar
6. Valle Peru
7. San Alejo
8. La Condesa
9. Isla de Pinos
10. Valle Grande
11. Malagamba

Provincia de Matanzas

Prisiones ■

San Severino
Prisión Matanzas

Campos de Concentración

1. Agüica
2. Caballero Milán
3. Santa Rita-Baró
4. Ciénaga
5. Jicarita

Provincia de Las Villas

Prisiones ■

Ciudad Santa Clara
Nieves Morejón
Ariza (Cienfuegos)
Tres Palmas

Campos de Concentración ●

1. Nieves Morejón
2. Palma Sola
3. El Condado
4. Lajas
5. Aguada
6. La Campana
7. El Capiro
8. Cayo Diego Pérez

Provincia de Camagüey

Prisiones ■

Kilo Siete
Prisión Camagüey
Moron
Ciego de Avila

Campos de Concentración ●

1. Combinado Kilos 7 ½, 9, 12
2. El Mambí
3. La Matilde
4. Tres y Medio
5. Martí
6. Cunagua
7. Manga Larga
8. Punta Alegre
9. Jagüeyal
10. Jatibonico

Provincia de Oriente

Prisiones ■

Nuevo G-2 Sandino
Boniato
Holguín
Baracoa
Santiago (para mujeres)

● Campos de Concentració

1. Palmas Altas
2. Chenique
3. La Caoba
4. El Caney
5. El Brujo
6. Manatí
7. Potosí
8. Mayarí

ESTE CRONISTA IGNORA SI SE INCLUYEN AQUÍ ↑ LOS "CAMPOS DE TRABAJO" Y LOS "UMAP" (UNIDADES MILITARES DE AYUDA A LA PRODUCCIÓN". DESTINADOS A LOS HOMOSEXUALES NO-GOBIERNISTAS Y "VAGOS".
→ SE CALCULA QUE HAY ACTUALMENTE DE 80 A 100 MIL PRESOS (3000 DE LOS CUALES SERIAN PRESOS POLITICOS. RECONOCE FIDEL: "SÓLO 3MIL").
→ LO QUE PASA TAMBIÉN, ES QUE MUCHOS NO ESTÁN PRESOS, POR HABER SIDO FUSILADOS...

LA PENA DE MUERTE NO EXISTÍA YA EN CUBA DESDE 1940. CASTRO LA VOLVIÓ A PONER MEDIANTE UNA "LEY DE LA SIERRA", POR SUS PISTOLAS Y SIN APROBACIÓN DE NINGÚN CUERPO LEGISLATIVO O JUDICIAL, APLICANDO LO QUE ÉL LLAMÓ "JUSTICIA REVOLUCIONARIA".

Actividades ilícitas

¡CON EL POLLO NO HAY ARREGLOS!

En sólo dos meses lograron sustraer la cuota de pollos destinada a 2 000 consumidores, pero al final tuvieron que saldar esa cuenta con la justicia.

Verificación fiscal

MALVERSACION EN LA LISA

Nuevamente las negligencias administrativas, sumadas a desmedidos afanes de enriquecimiento ilícito, convergen en actividades delictivas severamente sancionables.

mermas no reales y se venta ilícita de bebida cas.

El proceso judic

En el acto del juicio vo como escenario la del Tribunal Provincial Ciudad de La Habana, el licenciado ... rez, ante el ... acusados

¿Cómo fue posible?

La verificación ...rroló.

gastronó- habanero

Premio Pulitzer de fotografía de 1960 por la serie Ejecución en Cuba

→ IMPLANTADA ORIGINALMENTE (BASTANTE ORIGINALMENTE) PARA FUSILAR A POLICÍAS Y MILITARES BATISTIANOS EN 1959, SIGUE VIGENTE EN 1993 PARA LADRONES CON MAYORÍA DE EDAD (LOS CACOS JUVENILES SE LLEVAN DE 20 A 30 AÑOS DE PRISIÓN), INVASORES DEL PAÍS, TERRORISTAS, CONSPIRADORES, AGENTES DE LA CIA O GENERALES OCHOA...

→ LA MALVERSACIÓN DE FONDOS Y OTRAS CORRUPCIONES ADMINISTRATIVAS SON CASTIGADAS SEVERAMENTE, CON UN MÍNIMO DE 10 AÑOS...

EL 12 DE JUNIO DE 1988 CUBA SE CONMOVIÓ POR LA DETENCIÓN DEL MINISTRO DE TRANSPORTE, DIOCLES TORRALBA. PERO EMPEORÓ LA COSA AL DÍA SIGUIENTE, AL SER DETENIDOS VARIOS ALTÍSIMOS OFICIALES DEL MINISTERIO DEL INTERIOR, Y DE LAS FUERZAS ARMADAS, ENTRE ELLOS EL GRAL. ARNALDO OCHOA...
GEMELOS LA GUARDIA
Héroe de la Sierra, de Angola y recien ascendido a comandante del Ejército de Occidente.
¡Y MIEMBRO DEL COMITÉ CENTRAL DEL PCC..!
PERSONALMENTE RAÚL CASTRO, JEFE DE LAS FUERZAS ARMADAS Y ALCOHÓLICO CRÓNICO, ANUNCIÓ POR TV QUE OCHOA HABÍA SIDO ARRESTADO "POR CORRUPCIÓN Y SIN AVERIGUACIONES PREVIAS", AÑADIENDO QUE "MÁS ADELANTE SE VA A INFORMAR.. ¡BUENO, TODO LO QUE SE PUEDA INFORMAR... PUES NO SIEMPRE SE PUEDE DECIR TODA LA VERDAD!" (Al parecer estaba sobrio.)

EL 20 DE JUNIO LOS ESTUPEFACTOS CUBANOS SE ENTERAN QUE HABRÁ UN JUICIO SUMARÍSIMO CONTRA OCHOA, LOS GEMELOS LA GUARDIA (TONY LA GUARDIA DIRIGE UN DEPTO. ESPECIAL DEL MININT) Y OTRAS 11 PERSONAS... ¡ACUSADOS TODOS DE NARCOTRÁFICO, NI MÁS NI MENOS!
Y EN LA LISTA NO APARECIA DIOCLES TORRALBA...!
JUZGADO POSTERIORMENTE (HOY EN PRISIÓN).
¿qué estaba realmente pasando...??
chico, se trata de DOS asuntachos totalmente diferentes:
UNO: EL GRAL. OCHOA ENCABEZABA A UN GRUPO DE MILITARES DESCONTENTOS CON LOS HNOS. CASTRO. OCHOA ES MUY POPULAR EN LA TROPA Y EL PÓPOLO.
DOS: LA INTELIGENCIA CUBANA ACABABA DE DESCUBRIR QUE LA INTELIGENCIA YANQUI HABÍA DESCUBIERTO LA CONEXIÓN CUBANA DE LA DROGA!!
PRESIDENCIA
General de División Ramón Espinosa Martín (presidente)
General de División Julio Casas Regueiro (juez)
General de División Fabián Escalante Font (juez)

FIDEL, CUYOS SERVICIOS DE SEGURIDAD E INTELIGENCIA MILITAR SON LO QUE MEJOR FUNCIONA EN CUBA, SE ADELANTA A LOS DOS PELIGROS, LOS CONVIERTE EN UNO Y MATA ASÍ DOS PÁJAROS DE UN TIRO...
dejando a salvo así el honor de la FAMILIA CASTRO Y SU GLORIOSA REVOLUFIA.. ¡SOCIALISMO PA' NOSOTROS, MUERTE PARA ELLOS!
Manuel
CON TANTOS NARCOTRAFICANTES QUE TENEMOS AQUÍ, NO ENTIENDO POR QUÉ EXTRADITAR COLOMBIANOS
Bohemia
TRAS EL FUSILAMIENTO DE OCHOA Y SU SEGUNDO (JORGE MARTÍNEZ) Y DE TONY LA GUARDIA Y SU SEGUNDO (AMADO PADRÓN), EL 5% DEL COMITÉ CENTRAL FUE EXPULSADO. 14 MINISTROS Y VICEMINISTROS FUERON DESTITUIDOS. DECENAS DE MILES DE JEFES MILITARES FUERON RETIRADOS. TODO EL MINISTERIO DEL INTERIOR FUE DESTITUIDO Y 18 ALTOS FUNCIONARIOS DEL MISMO -INCLUYENDO AL MINISTRO ABRANTES- FUERON ARRESTADOS..
(¿qué tanto estaba Cuba metida en el NARCOTRÁFICO?)

INFORMACIÓN TOMADA DE LAS ACTAS DE LOS JUICIOS:

A resultas del criminal bloqueo Cuba se vio obligada a tomar medidas para hacerse -como fuera- de los materiales, máquinas y refacciones necesarias para seguir funcionando. Una de las organizaciones que se crearon para conseguir todo eso, fue el M.C (que los choteadores cubanos bautizaron como el "Marihuana-Cocaína) o sea, el Departamento de Moneda Convertible, creado y dirigido por Tony de la Guardia, playboy revolucionario e íntimo amigo de Fidel.

El MC también estaba encargado de hacerse de divisas -como fuera- y su funcionamiento era al margen de la ley. La gente del MC pasaba por encima de todos los ministerios, incluyendo el del Interior del que formaba parte. El MC tenía patente de corso, como quien dice, y al grito de "el fin justifica los medios", lo mismo contrabandeaban repuestos de Estados Unidos vía México, que llevaban de contrabando habanos auténticos a Nueva York o París. O vendían salidas de cubanos por 20 mil dólares, visa incluida o vendían armas a los movimientos guerrilleros. También revendían el petróleo soviético o sacaban de cualquier país a guaruras en problemas. El tráfico de marfil africano se constituyó en una de sus más productivas operaciones.

Era pues de esperarse que, tarde o temprano, el MC se conectara con la droga, que es la mejor fuente de divisas. Si bien Fidel había sentenciado en 1962 que "el deber de todo revolucionario es hacer la revolución", los problemones económicos lo obligaron a declarar en el 3er. Congreso del Partido que "el deber de todo revolucionario es conseguir divisas", con lo que el MC sintió que en conciencia no era nada contrarrevolucionario traer divisas al país participando en el narcotráfico.

Con ayuda de los experimentados colombianos y panameños (Noriega, S.A), el MC organizó el negocio: las avionetas traían la droga de Colombia y la dejaban caer en aguas cubanas o aterrizaban en el aeropuerto militar de Varadero con la mercancía; en esos dos lugares era recogida por lanchas rápidas procedentes de Florida o por otras avionetas que simulaban descompostura (también provenientes de USA) y que se encargaban de llevar la mercancía al mejor mercado del mundo o sea los United States. Y quien crea que ni Fidel ni Raúl estaban al tanto de todo, se merece una trompetilla de parte de los cubanos que sí estaban al tanto de todo...

EL CASO DEL GRAL. ARNALDO OCHOA Y ASOC. VERDADERA FARSA QUE ENVIDIARÍA STALIN, DESNUDÓ AL EMPERADOR DE TODAS LAS CUBAS, QUE NO PUDO CONVENCER A NADIE DE SU COMPLICIDAD Y LA DE RAÚL, SU HERMANO Y PRINCIPE HEREDERO, NI DE LA CORRUPCIÓN QUE HABÍA INVADIDO TODO EL SISTEMA (DIGESTIVO) DEL OGRO FILANTRÓPICO...
Arnaldo Ochoa Sánchez, sancionado a la pena de muerte.
VOY A FUSILAR AL QUE ME TOMÓ ESTA FOTO...
A PARTIR DE ESA INCREIBLE METIDA DE PATA, SE INICIÓ LA HORA FINAL DE CASTRO EL GRANDE...
A quien le gustaría bajar el telón con un final trágico: ¡QUE LO INVADIERAN Y MATARAN LOS YANQUIS!
Kemchs

SINCERAMENTE NO CREO QUE EL PUEBLO CUBANO SE QUIERA MORIR TAN "HEROICAMENTE" COMO FIDEL. Y SERÍA LO MEJOR PREGUNTARLE A ESE 35 AÑOS SUFRIDO PUEBLO, QUÉ OPINA DE SU FUTURO Y SU PRESENTE..

Guillermo Tell, tu hijo creció,
quiere tirar la flecha,
le toca a él probar su valor
usando tu ballesta.

A Guillermo Tell no le gustó la idea
y se negó a ponerse
la manzana en la cabeza...

Guillermo Tell no comprendió a su hijo,
que un día se aburrió
de la manzana en la cabeza.

CARLOS VARELA

ESTA CANCIÓN (NO VERSO) NO HA SIDO GRABADA EN CUBA, PERO LA CANTA MEDIO MUNDO. Y QUIZÁS RESUMA LO QUE PIENSA MEDIO MUNDO EN CUBA... AUNQUE NO LO PUEDAN MANIFESTAR ABIERTAMENTE...

capítulo 5

Que trata, después del niño ahogado, de buscar soluciones nada utópicas y sí muy realistas; y respuestas a la interrogante:

¿QUÉ DIABLOS VA A PASAR CON CUBA?

¿qué fue el SOCIALISMO? La pérdida de tiempo entre el capitalismo y el capitalismo.

¿.. ES QUE PRETENDES ESTROPEARLE LA VISTA .?!
CUBA
SIN YANQUIS
SIN HAMBRE
SIN DESEMPLEO
SIN
ANALFABETAS
SIN POLÍTICOS
SIN MISERIA
SIN CORRUPCIÓN
Y
SIN ALIANZA PARA EL PROGRESO
AMERICA LATINA
'61
TERRITORIO
LIBRE de AMERICA

YA ESTÁ ARCHIDICHO, PERO LO REPITO:
CUBA FUE PARA AMÉRICA LATINA LA ESPERANZA DE PODER HACER UN NUEVO TIPO DE SOCIEDAD SIN INJUSTICIAS...

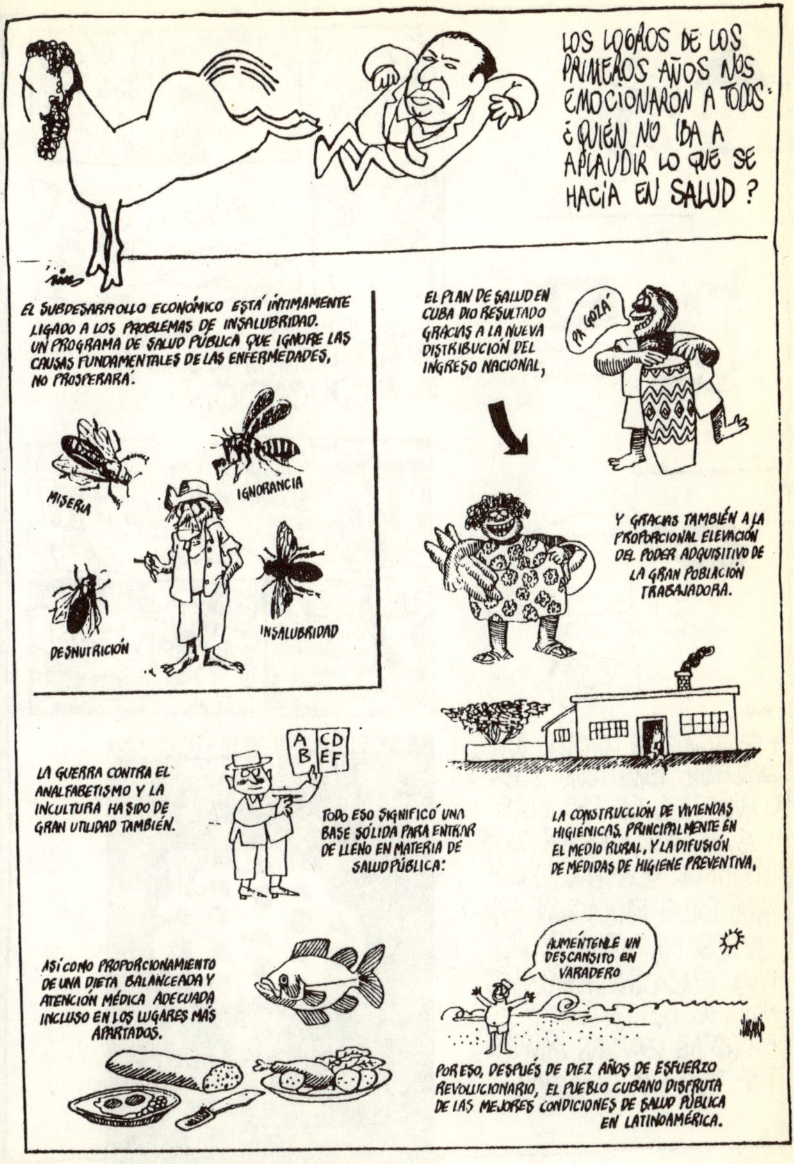

LOS LOGROS DE LOS PRIMEROS AÑOS NOS EMOCIONARON A TODOS: ¿QUIÉN NO IBA A APLAUDIR LO QUE SE HACIA EN SALUD?
EL SUBDESARROLLO ECONÓMICO ESTÁ ÍNTIMAMENTE LIGADO A LOS PROBLEMAS DE INSALUBRIDAD. UN PROGRAMA DE SALUD PÚBLICA QUE IGNORE LAS CAUSAS FUNDAMENTALES DE LAS ENFERMEDADES, NO PROSPERARÁ.
MISERIA
IGNORANCIA
DESNUTRICIÓN
INSALUBRIDAD
EL PLAN DE SALUD EN CUBA DIO RESULTADO GRACIAS A LA NUEVA DISTRIBUCIÓN DEL INGRESO NACIONAL,
PA GOZÁ
Y GRACIAS TAMBIÉN A LA PROPORCIONAL ELEVACIÓN DEL PODER ADQUISITIVO DE LA GRAN POBLACIÓN TRABAJADORA.
LA GUERRA CONTRA EL ANALFABETISMO Y LA INCULTURA HA SIDO DE GRAN UTILIDAD TAMBIÉN.
A B CD EF
TODO ESO SIGNIFICÓ UNA BASE SÓLIDA PARA ENTRAR DE LLENO EN MATERIA DE SALUD PÚBLICA:
LA CONSTRUCCIÓN DE VIVIENDAS HIGIÉNICAS, PRINCIPALMENTE EN EL MEDIO RURAL, Y LA DIFUSIÓN DE MEDIDAS DE HIGIENE PREVENTIVA,
ASÍ COMO PROPORCIONAMIENTO DE UNA DIETA BALANCEADA Y ATENCIÓN MÉDICA ADECUADA INCLUSO EN LOS LUGARES MÁS APARTADOS.
AUMÉNTENLE UN DESCANSITO EN VARADERO
POR ESO, DESPUÉS DE DIEZ AÑOS DE ESFUERZO REVOLUCIONARIO, EL PUEBLO CUBANO DISFRUTA DE LAS MEJORES CONDICIONES DE SALUD PÚBLICA EN LATINOAMÉRICA.

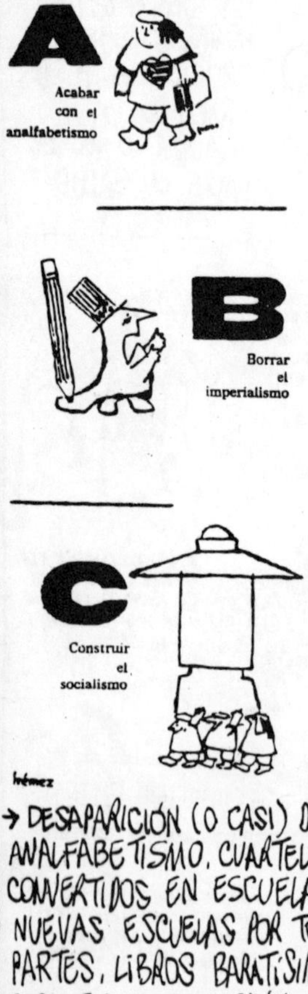

A
Acabar con el analfabetismo
B
Borrar el imperialismo
C
Construir el socialismo

23% DE ANALFABETAS EN TODO EL PAÍS!
CUÁN-TOS?
929 MIL 207!
ARGGGG

NADIE LE NEGABA A CUBA LOS TRIUNFOS ENORMES EN EL CAMPO DE LA **EDUCACIÓN**:

EXISTEN 255 ESCUELAS DE INSTRUCCION REVOLUCIONARIA DESDE 1961
PARA DIFUNDIR LAS IDEAS FUNDAMENTALES DEL MARXISMO Y FORMAR IDEOLOGICAMENTE
A LOS REVOLUCIONARIOS PARA QUE LA TEORÍA Y LOS HECHOS MARCHARAN IDENTIFICADOS!
ARGG!

→ DESAPARICIÓN (O CASI) DEL ANALFABETISMO. CUARTELES CONVERTIDOS EN ESCUELAS. NUEVAS ESCUELAS POR TODAS PARTES. LIBROS BARATÍSIMOS PARA TODOS. EDUCACIÓN PARA ADULTOS. EDUCACIÓN TÉCNICA PARA OBREROS & CAMPESINOS. NADA DE PROHIBITIVAS Y ELITISTAS ESCUELAS PRIVADAS.. ¡Y TODO GRATIS, COÑO!

LA LUCHA POR EL SEXTO GRADO, TAREA DE TODOS

..Y POR LO QUE DECIAN LAS NOTICIAS QUE LLEGABAN DE CUBA. LA ECONOMIA SE IBA PONIENDO TAN BUENA COMO LAS MULATAS..!
ANTES DE 1959 LA INDUSTRIALIZACION SE CARACTERIZABA POR LA HIPERTROFIA DE UNA RAMA DE LA PRODUCCION:
EL AZÚCAR!
LOS INTERESES EXTRANJEROS SE LLEVABAN EL AZÚCAR CRUDO Y OCASIONALMENTE, MINERALES METÁLICOS. Y CUBA COMPRABA MILES DE ARTÍCULOS INDUSTRIALES A U.S.A.
BONITO CHISTE!
PERO VINO LA REVOLUCION, SE NACIONALIZARON LAS PRINCIPALES INDUSTRIAS CUBANAS Y SE SENTARON LAS BASES DE UN NUEVO DESARROLLO INDUSTRIAL QUE LE PERMITA EXPLOTAR A PLENITUD SUS RIQUEZAS NATURALES Y DIVERSIFICAR SUS MERCADOS DE CONSUMO Y EXPORTACIÓN.
AZÚCAR, TABACO, ENERGÍA ELÉCTRICA, CAFÉ, LA PESCA, GANADERÍA, MINERIA, HAN AUMENTADO SUS PRODUCCIONES CONSIDERABLEMENTE
LOS PAISES SOCIALISTAS, EN CONDICIONES DE IGUALDAD, LOS HAN AYUDADO MUCHO, CLARO!
PLOP!
QUÉ ES ESTO?
CEMENTO FRESCO
CAB
INDICAR
LA PRODU
CION DE
CEMENTO
DE LAS QU
MÁS HAN
AUMENTA

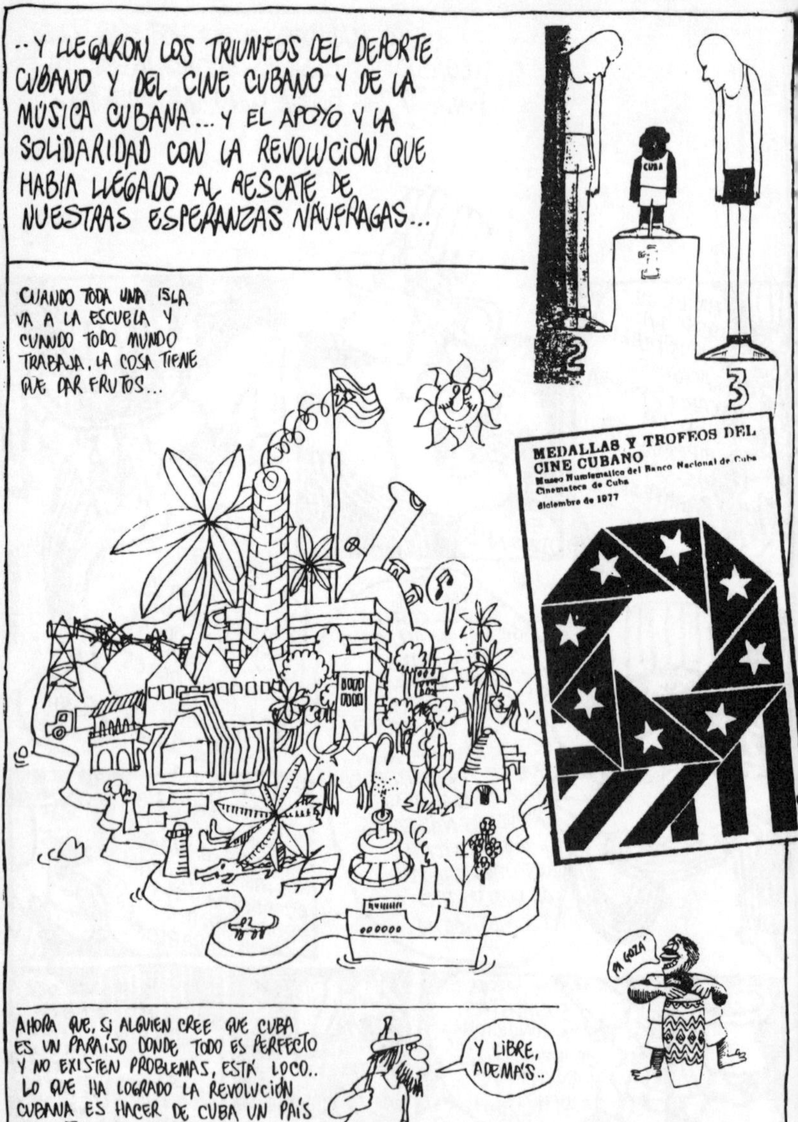
..Y LLEGARON LOS TRIUNFOS DEL DEPORTE CUBANO Y DEL CINE CUBANO Y DE LA MÚSICA CUBANA... Y EL APOYO Y LA SOLIDARIDAD CON LA REVOLUCIÓN QUE HABIA LLEGADO AL RESCATE DE NUESTRAS ESPERANZAS NÁUFRAGAS...
CUBA
2
3
CUANDO TODA UNA ISLA VA A LA ESCUELA Y CUANDO TODO MUNDO TRABAJA, LA COSA TIENE QUE DAR FRUTOS...
MEDALLAS Y TROFEOS DEL CINE CUBANO
Museo Numismatico del Banco Nacional de Cuba
Cinemateca de Cuba
diciembre de 1977
PA GOZA'
AHORA QUE, SI ALGUIEN CREE QUE CUBA ES UN PARAÍSO DONDE TODO ES PERFECTO Y NO EXISTEN PROBLEMAS, ESTÁ LOCO.. LO QUE HA LOGRADO LA REVOLUCIÓN CUBANA ES HACER DE CUBA UN PAÍS DECENTE, JUSTO Y TRABAJADOR...
Y LIBRE, ADEMÁS..

PERO PERO

POR TODOS LOS PEROS QUE RESEÑAMOS EN PÁGINAS ANTERIORES:

- AUTORITARISMO
- MALOS MANEJOS
- DESPILFARROS
- BLOQUEO GRINGO
- DERRUMBE URSS
- ARMAMENTISMO
- IMPROVISACIÓN
- REPRESIÓN
- FALSO SOCIALISMO
- AVENTURAS ÁFRICA
- PATERNALISMO

JEFF KOTERBA
Courtesy Omaha World-Herald

Castrosaurus
Habitat: Cuba

..Y MIS LOCURAS GALLEGO-STALINISTAS, CHICO..

CUBA VIVE LA PEOR CRISIS DE SU HISTORIA Y SE HA CONVERTIDO EN ALGO MUY PERO MUY ALEJADO DE LO QUE, TODAVÍA EN 1961, VEÍAMOS COMO EL MODELO A SEGUIR PARA NUESTROS PAÍSES. **H**OY, EN 1993, DUDO QUE HAYA ALGUIEN QUE SIGA VIENDO A CUBA COMO "EL MODELO A SEGUIR"...

PERO LO PEOR DE TODO LO MALO QUE ESTÁ OCURRIENDO EN CUBA, ES EL PELIGRO INMINENTE DE PERDER LOS LOGROS QUE, MAL QUE BIEN, ERAN (O SON) LOS MEJORES ARGUMENTOS PARA DEFENDER A LA REVOLUCIÓN:
→ EDUCACIÓN → SALUD PÚBLICA → DIGNIDAD → IGUALDAD.
Pues la vuelta al capitalismo sería el Acabose de esos logros...

HAY QUE AÑADIR ADEMÁS, OTROS DESCALABROS QUE HAN VENIDO A ACABAR CON EL PROYECTO FIDELISTA DE CONVERTIR A CUBA EN LA CAPITAL DEL CONTINENTE: 1) EL FRACASO DE LAS GUERRILLAS, INCLUIDA LA DEL CHE...
REVOLUTION
TERRORISM
CIVIL UNREST
PEACEFUL INFILTRATION
MOSCOW
F. CASTRO STORE
WE DELIVER
ANYWHERE IN hemisphere
PEASANTS, ARISE!
JON KENNEDY
JON KENNEDY
The Shopkeeper
2)
LA DESAPARICIÓN DE SUS ALIADOS Y SATÉLITES EN AMÉRICA:
• Chile
• Nicaragua
• Grenada
• Panamá
• Echeverría y López Portillo.
LOCHER
GRENADA

SAY BUDDY, CAN YOU SPARE A...
NO!
CUBA
THE WEST
PERO LA PUNTILLA PARA FIDÉCATRO INDUDABLEMENTE FUE LA DESAPARICIÓN DEL PADRINO BREZHNEV Y EL ASCENSO DE GORBY COMO CAPO DE LA FAMILIA SOCIALISTA...
HUP'HO! HUP'HO! HUP
Y SU TERCA NEGATIVA A RECONOCER QUE, ÉL SOLITO, NO TIENE YA NADA QUE OFRECER AL PUEBLO CUBANO, MÁS QUE PALABRAS...
¡SOCIALISMO O MUERTE!
PAN !!!

AUNQUE FIDEL DIGA LO CONTRARIO, CUBA ESTÁ MÁS SOLA QUE NUNCA: LAS SIMPATÍAS Y LA SOLIDARIDAD DE LOS PUEBLOS NO VAN A RESOLVER DE NINGUNA FORMA EL PROBLEMÓN QUE VIVE LA ISLA...
EL PROBLEMÓN TIENE 2 CARAS 2
EL ASPECTO ECONÓMICO: UN PAÍS EN QUIEBRA.
EL ASPECTO POLÍTICO: UN PAÍS SIN LIBERTADES.
(Y NINGUNO DE LOS DOS LO RESUELVE EL CAPITALISMO..)

¡PERO TAMPOCO LOS RESOLVIÓ EL SOCIALISMO!
..ES OBVIO QUE NO. SOBRE TODO ESA CARICATURA DE SOCIALISMO QUE ESCOGIÓ FIDEL, OBLIGADO SI QUIEREN POR LAS CIRCUNSTANCIAS: EL SOCIALISMO TIPO SOVIÉTICO...
BAS. MITROPOULOS
→ Pero, enmedio de los gemelos POLÍTICA-ECONOMÍA se asoma la infaltable presencia de los United States of America.
NI CONTIGO NI SIN TI MIS MALES TIENEN REMEDIO: CONTIGO, PORQUE ME MATAS, Y SIN TI, PORQUE ME MUEROO.

WASHINGTON. DOLIDO, ARDIDO Y RIDICULIZADO POR CASTRO, HA DECIDIDO <u>ESPERAR</u> LA CAÍDA DEL RÉGIMEN "SOCIALISTA", RINDIENDO A CUBA POR HAMBRE...

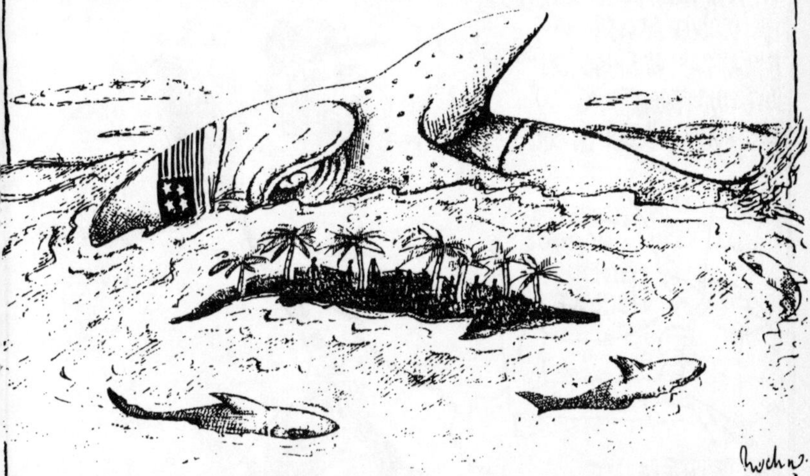

ESTADOS UNIDOS, QUE CONOCE PERFECTAMENTE LA SITUACIÓN CUBANA, SABE QUE NO NECESITA INVADIR LA ISLA (A MENOS QUE FIDEL PROVOQUE UNA INVASIÓN), NI ALENTAR OTRA BAHÍA DE COCHINOS, NI ESPERAR QUE EL PUEBLO SE ALCE EN ARMAS (LAS TIENE... PERO SIN BALAS), NI MATAR A FIDEL.

GARNER
¿ESPERAN QUE SE VACIE LA ISLA?

ES MÁS: DA LA IMPRESIÓN QUE, EN VISTA DE QUE CUBA HA DEJADO DE SER "LA AMENAZA", WASHINGTON VIVE INDIFERENTE DE LO QUE PUEDA PASAR EN CUBA.
¿Llegar a un arreglo con Fidel? ¿Para qué?
ESE DESINTERÉS SE DEMUESTRA POR LA NEGATIVA A CESAR EL BLOQUEO Y LA FALTA DE INICIATIVA DE PARTE DEL TÍO SAMUEL A REESTABLECER RELACIONES CON CUBA, CONSIDERANDO A FIDEL COMO UN VULGAR DICTADOR BANANERO QUE NI SIQUIERA ES (COMO LOS VIEJOS DICTADORES LATINOS) SU AMIGO...
Pero entonces...
...¿qué es lo que sostiene a Castro de caerse por completo?
RIUS

TERRY (AISLIN) MOSHER/Canada
AISLIN '90
MONTREAL GAZETTE
© 1991 MONTREAL GAZETTE/TORONTO STAR
Fidel se ha sostenido durante más de 30 años sobre 4 columnas...
Castro
Deng
MARX
1 SU PERTENENCIA AL CAMPO SOCIALISTA.
2 EL APOYO ECONÓMICO DE MOSCÚ.
3 SU CARISMA PERSONAL.
Y... LA ÚNICA QUE LE QUEDA:
4 SU ENFRENTAMIENTO A ESTADOS UNIDOS.
PINCHES GRINGOS OJETES, ¿POR QUÉ NO ME INVADEN, CULEROS?

AL DETERIORO POLÍTICO Y ECONÓMICO DE SU RÉGIMEN LE HA SEGUIDO EL DETERIORO DE SU IMAGEN Y SUS IDEAS, QUE SE DETECTA FÁCILMENTE EN SU NEGATIVA A ACEPTAR LA REALIDAD Y A OÍR LO QUE EL PUEBLO CUBANO QUIERE...
¡el pueblo quiere lo que yo quiero!
¡Y EL PUEBLO VOTÓ EN APOYO A LA REVOLUCIÓN Y A FIDEL!!
PCC
CASTRO TRATÓ DE HACERNOS CREER QUE EN CUBA SE HABÍA LLEVADO A CABO UN REFERÉNDUM TRADUCIDO EN APOYO AL SISTEMA, AL HABERSE PRESENTADO A VOTAR EL 97% DE LA POBLACIÓN VOTANTE, A UNAS "ELECCIONES" DONDE PARTICIPABA UN SOLO PARTIDO, DONDE LA GENTE VOTABA TEMIENDO NO HACERLO, Y EN LAS QUE NO SE VOTABA POR NADA IMPORTANTE (Y EN LAS QUE NADIE TUVO ACCESO A LAS CIFRAS..)
¿LO ESTARÁN ASESORANDO LOS DEL PRI..?

NO OLVIDAR QUE TRES DÍAS SEGUIDOS ANTES DE ESAS "ELECCIONES" FIDEL BOMBARDEÓ AL PUEBLO CUBANO DESDE EL PÚLPITO-TELEVISIÓN CON EL SERMÓN DEL "TEMOR-AL-REGRESO-DE-LOS-DE-MIAMI", QUE LES VENDRÍAN A QUITAR LAS CASAS QUE LES DIO LA REVOLUCIÓN...
Y EL QUE NO VOTABA SE LAS TENÍA QUE VER CON SU CDR...
" SI NO TUVIÉRAMOS UN PUEBLO DE GIGANTES. SI NO TUVIÉRAMOS UNA JUVENTUD COMO USTEDES. LO QUE NOS ESPERABA ERA CONVERTIRNOS EN ESCLAVOS, CONVERTIRNOS EN COLONIA."
Y SI NO TUVIÉRAMOS TAN BUENOS GUARDAESPALDAS, NOS CONVERTÍAN EN CEAUCESCUS.
FETHI

¿QUÉ SALIDA LE QUEDA AL PUEBLO..?
YO VOTO POR RAÚL..
YO VOTO POR FIDEL..
FIDEL SE NIEGA A BUSCAR UNA SALIDA DEMOCRÁTICA: TRAS LA EXPERIENCIA DE NICARAGUA, JAMÁS VA A JUGARSE EL TRONO EN UNAS ELECCIONES LIBRES O EN UN PLEBISCITO O REFERÉNDUM...
Aquí no hay dedazo, sino continuidad.
LOS QUE NO OPTAN POR LA SALIDA EN BALSA A MIAMI O YUCATÁN, ESPERAN UNA SALIDA TIPO RUMANIA: QUE EL EJÉRCITO SE ENFRENTE A LOS PODEROSOS CUERPOS DE SEGURIDAD Y SE DESHAGA DE FIDEL Y FAM.
QUÉ HORROR ¿NO?

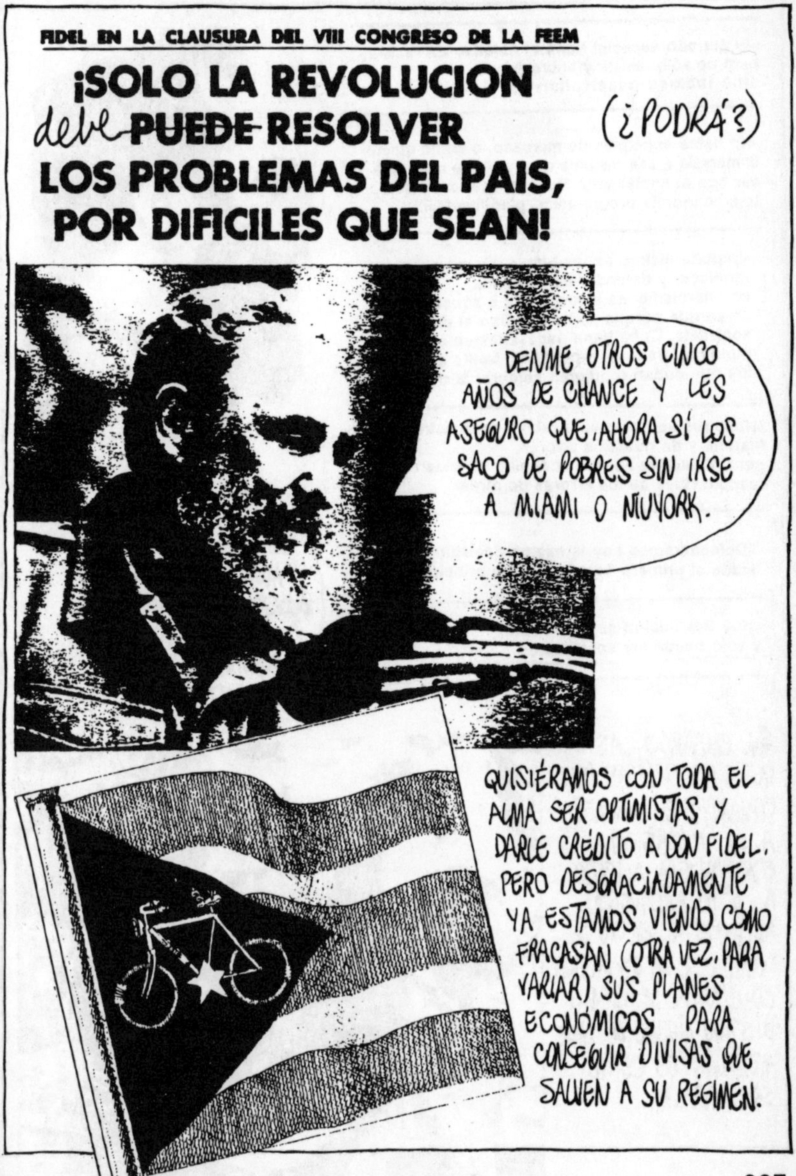
FIDEL EN LA CLAUSURA DEL VIII CONGRESO DE LA FEEM
¡SOLO LA REVOLUCION
~~PUEDE~~ debe RESOLVER
LOS PROBLEMAS DEL PAIS,
POR DIFICILES QUE SEAN!
(¿PODRÁ?)
DENME OTROS CINCO AÑOS DE CHANCE Y LES ASEGURO QUE, AHORA SÍ LOS SACO DE POBRES SIN IRSE A MIAMI O NIUYORK.
QUISIÉRAMOS CON TODA EL ALMA SER OPTIMISTAS Y DARLE CRÉDITO A DON FIDEL. PERO DESGRACIADAMENTE YA ESTAMOS VIENDO CÓMO FRACASAN (OTRA VEZ, PARA VARIAR) SUS PLANES ECONÓMICOS PARA CONSEGUIR DIVISAS QUE SALVEN A SU RÉGIMEN.

«El período especial tiene el objetivo de resistir, pero no sólo resistir y sobrevivir, sino incluso desarrollarnos»
«No habrá economía de mercado, o como quiera llamársele a ese mejunje que no tiene nada que ver con el socialismo. Nuestra economía será una economía programada, planificada»..
«Importantísimo es también esclarecer, fortalecer y defender con valentía, con heroísmo las ideas frente a aquellos que creen que porque se ha hundido el campo socialista, Cuba tiene necesariamente que hundirse, frente a escépticos, frente a los que dudan o quieran sembrar la duda»
«Nosotros somos responsables de nuestra historia y de nuestros errores, pero realmente no nos podemos considerar responsables de los errores de otros»
«¡Defenderemos con la misma decisión desde el primero hasta el último principio!»
«Hoy Revolución es socialismo, y sólo puede ser socialismo»
SOSPECHO QUE VAMOS A TENER QUE BUSCAR OTRAS FRASES PORQUE YA NO APLAUDEN COMO ANTES.
SIN EMBARGO, LAS ÚLTIMAS MEDIDAS DEL COMANDANTE (ALIENTO A LA INVERSIÓN EXTRANJERA, ALIENTO A LA DOLARIZACIÓN, ALIENTO AL ENVÍO DE COMIDA DE LA EX-GUSANA COMUNIDAD DE MIAMI) DISTAN MUCHO DE SER MEDIDAS DE CORTE SOCIALISTA...

¿O EL CAPITALISMO VA A SALVAR AL SOCIALISMO?
THE UNITED STATES OF AMERICA
ONE DOLLAR

EN EL DESESPERADO AFÁN DE CONSEGUIR DÓLARES. FIDEL Y LOS CUBANOS HAN DEJADO A UN LADO LOS ESCRÚPULOS MORALES. LO QUE ESTÁ PROVOCANDO:

→ desigualdades
→ una imparable ola de delincuencia
→ asaltos al turismo
→ corrupción generalizada
→ prostitución
→ movidas chuecas.

Alimentos y Objetos de Aseo a Domicilio

Los cubanos de Miami ayudan a sus familias en la isla a través de agencia

El gobierno cubano se las ha ingeniado para encontrar un procedimiento que sirva para alimentar a la necesitada población y, al mismo tiempo, recaudar miles de dólares. En Miami, la recién creada agencia cubana CubaPak recibe con los brazos abiertos a los exiliados que deseen enviar alimentos y artículos de aseo a sus familiares en la isla. Los emigrantes eligen entre dos lotes ya establecidos y pagan. Después, los almacenes de CubaPak en La Habana entregan los paquetes correspondientes al destinatario.

El lote más económico pesa 23 kilos y cuesta 254 dólares y el otro, de 45 kilos, 500 dólares. Los exiliados cubanos en Miami también puede optar por paquetes con complementos de aseo personal de cuatro y ocho kilos por 59 y 114 dólares, respectivamente. Los alimentos incluidos en el paquete de 254 dólares consisten en dos kilos de arroz, uno de garbanzos, diez latas de diferentes productos (jamón cocido, leche condensada, carne, etc.), cinco litros de aceite, un bote de mahonesa, dos paquetes de spaguetti y un kilo de caldos de pollo y carne. Parece ser que la Guerra Fría sigue siendo un negocio, político para unos y económico para otros.

CAMBIO 16 ■

EL PROBLEMA ES QUE.. ¿DE DÓNDE VAN A SACAR LOS DÓLARES AQUELLOS CUBANOS QUE, NI TIENEN PARIENTES RICOS EN MIAMI, NI TRABAJAN EN LAS EMPRESAS EXTRANJERAS QUE OPERAN EN CUBA Y PAGAN EN DLLS..?

↓

PUES ILEGALMENTE...

■ LUIS FERNANDO

1950...
¿CUÁNTO?
¿CUÁNTO?
1993...
Dólares tío..

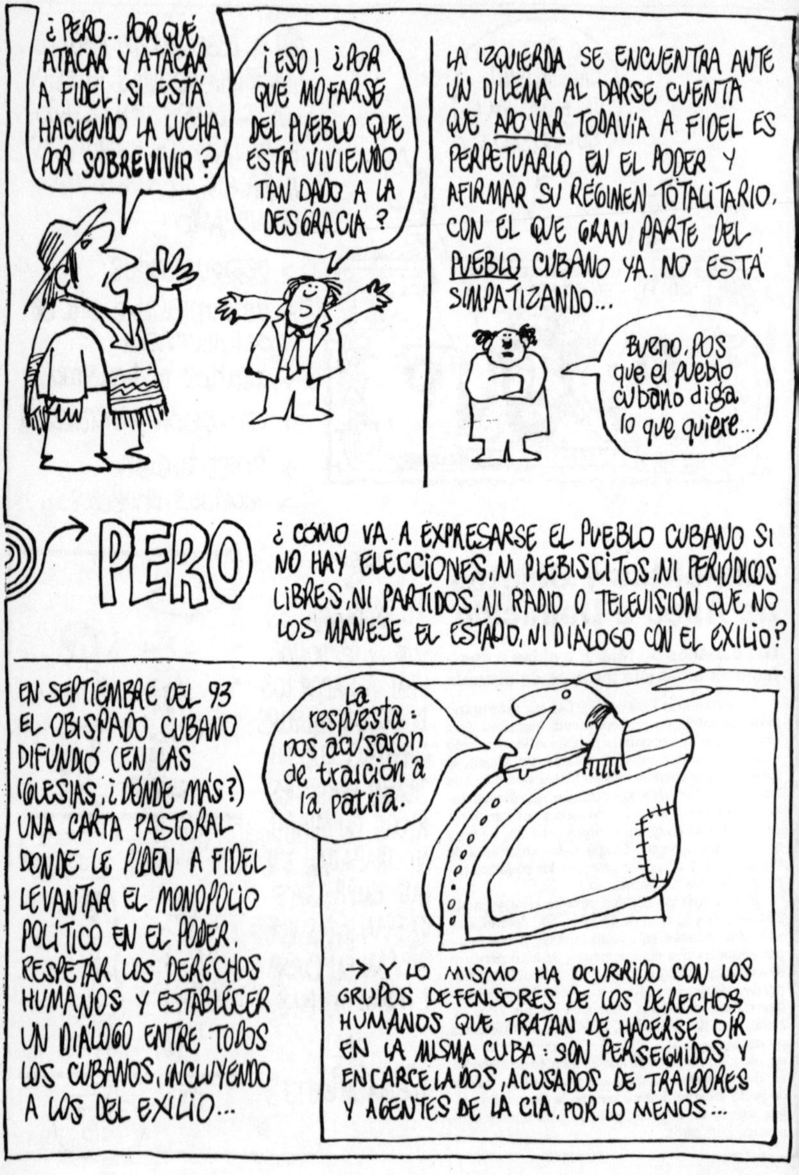
¿PERO... POR QUÉ ATACAR Y ATACAR A FIDEL, SI ESTÁ HACIENDO LA LUCHA POR SOBREVIVIR?
¡ESO! ¿POR QUÉ MOFARSE DEL PUEBLO QUE ESTÁ VIVIENDO TAN DADO A LA DESGRACIA?
LA IZQUIERDA SE ENCUENTRA ANTE UN DILEMA AL DARSE CUENTA QUE APOYAR TODAVÍA A FIDEL ES PERPETUARLO EN EL PODER Y AFIRMAR SU RÉGIMEN TOTALITARIO, CON EL QUE GRAN PARTE DEL PUEBLO CUBANO YA NO ESTÁ SIMPATIZANDO...
Bueno, pos que el pueblo cubano diga lo que quiere...
PERO
¿CÓMO VA A EXPRESARSE EL PUEBLO CUBANO SI NO HAY ELECCIONES, NI PLEBISCITOS, NI PERIÓDICOS LIBRES, NI PARTIDOS, NI RADIO O TELEVISIÓN QUE NO LOS MANEJE EL ESTADO, NI DIÁLOGO CON EL EXILIO?
EN SEPTIEMBRE DEL 93 EL OBISPADO CUBANO DIFUNDIÓ (EN LAS IGLESIAS, ¿DÓNDE MÁS?) UNA CARTA PASTORAL DONDE LE PIDEN A FIDEL LEVANTAR EL MONOPOLIO POLÍTICO EN EL PODER, RESPETAR LOS DERECHOS HUMANOS Y ESTABLECER UN DIÁLOGO ENTRE TODOS LOS CUBANOS, INCLUYENDO A LOS DEL EXILIO...
La respuesta: nos acusaron de traición a la patria.
→ Y LO MISMO HA OCURRIDO CON LOS GRUPOS DEFENSORES DE LOS DERECHOS HUMANOS QUE TRATAN DE HACERSE OÍR EN LA MISMA CUBA: SON PERSEGUIDOS Y ENCARCELADOS, ACUSADOS DE TRAIDORES Y AGENTES DE LA CIA, POR LO MENOS...

LA PROYECTADA VISITA DEL PAPA, PRIMERO EN 1992 DESPUÉS DE LA DOMINICANA Y LUEGO EN 1993 TRAS MÉRIDA, YUCATÁN, FUE DESALENTADA POR DON FIDEL QUE TEMIÓ UN LEVANTAMIENTO POPULAR DIFÍCIL DE CONTROLAR EN PRESENCIA DEL PAPA POLACO..

SÓLO NOS QUEDA HACER CHISTES...
...Y PINTAR LETREROS QUE BORRA LA SEGURIDAD.

PARA QUE EL LECTOR NO TERMINE EN LA DEPRESIÓN, HEMOS DECIDIDO CERRAR EL LIBRO CON ALGUNOS DE LOS CHISTES, LETREROS Y OCURRENCIAS CON QUE LOS CUBANOS SE RÍEN DE SUS GOBERNANTES:

¿cómo dices que me dice la gente?
I LOVE NY

PRIMERO LE DECÍAN "EL LOCO", LUEGO BENY MORÉ LE PUSO "EL CABALLO". AHORA LO LLAMAN "FIFO", "EL HOMBRE" (COMO A BATISTA), "NUMANCIO" Y "ZOILA" (SOY LA REVOLUCIÓN, SOY LA PATRIA, SOY LA ESCASEZ...)

-¿Cómo vamos a saber cuando Cuba llegue al socialismo desarrollado, compañero ?
-Muy sencillo: cuando Cuba empiece a importar azúcar de los Estados Unidos, compañero...

GRAFITTI en un baño del hotel Capri: "YANQUIS, COME HOME !!

-¿ Cuál es la diferencia entre un coco de agua y una nevera (refri) cubano ? Ninguna: en los dos sólo encuentras agua...

GRAFITTI en un cartel: "SEREMOS COMO EL CHE" (sí: asmáticos...)

En vista de que los altos funcionarios del Partido Comunista Cubano utilizan autos soviéticos marca "Lada", el sistema cubano ha sido bautizado por los cubanos como LADACRACIA.

¿En qué se parecen los alimentos a la invasión yanqui ?
-En que siempre la anuncian y jamás llega...

Desde 1990 ya no hay carnavales, sólo elecciones...

Cuando los Juegos Panamericanos en La Habana, se publicitó mucho la mascota de los juegos, una cotorra bautizada como TOCOPAN, que la gente re-bautizó como "POCOPAN"

En la localidad de Jaimanitas, Santa Fe (cerca de La Habana), ya hay un "Consejo de balseros", vendedores de balsas para salir de Cuba.

"El socialismo no es la abundancia, sino que es la repartición". (Fidel Castro a Ernesto Cardenal. "En Cuba")

No, en Cuba no tenemos Perestroika. Lo nuestro es ESPERA ESTOICA.

-Con nuestras jineteras se puede practicar el sexo seguro: casi todas ellas pertenecen a la Seguridad del estado...

Fidel no ha renunciado todavía porque está "emulando" con Kim Il Sung, el coreano, a ver quién dura más en el poder. El problema es que Kim está desde 1948 y Fidel no lo sabe...

Grafitti en el baño de hombres de la Facultad de Filosofía:
" ABAJO YA SABES QUIEN..."

Keep smiling →

Tras el fusilamiento del Gral.Ochoa,que los cubanos consideraron un asesinato,aparecieron por las calles grafittis así: 8a.

Una maestra pidió a sus alumnos que trajeran 5 pesos cada uno para ayudar al Partido Comunista de Etiopía.Un niño no trajo el dinero: "Dice mi papá que en Etiopía no hay Partido Comunista".

Pocas semanas después,la maestra volvió a pedir a los niños que trajeran 5 pesos para ayudar a los hambrientos de Etiopía. Esta vez el niño sí trajo los 5 pesos,diciendo: "Dice mi papá que,si hay hambre y escasez en Etiopía,eso significa que sí hay Partido Comunista en Etiopía" Y añadió los 5 pesos del pedido anterior...

En Cuba hay que creer la mitad de lo que se oye y nada de lo que se ve. Otra frase para entender mejor la situación: "En Cuba,lo que no está prohibido,es obligatorio".

-Chico,la única manera de que pudiéramos derrotar a los Estados Unidos,sería mandarles a Fidel como ministro de Economía; en menos que canta un gallo estarían en bancarrota...

-Dice el Partido que la prosperidad y el comunismo ya se están vislumbrando en el horizonte. ¿Qué es el horizonte ?

-Horizonte es una línea imaginaria que se va alejando en la medida en que uno se acerca a ella.

Por fin Fidel ha logrado resolver el problema de la distribución de mercancías: ya no hay nada que distribuir...

En el Zoológico de La Habana había antes un letrero (o varios) que decían: "PROHIBIDO DARLES DE COMER A LOS ANIMALES". En 1993 los mismos letreros dicen: PROHIBIDO COMERSE LA COMIDA DE LOS ANIMALES.

-Yo creo que no estamos tan mal,le dice un cubano a otro.Oí en la radio que Estados Unidos está en la misma situación que estábamos nosotros hace 35 años...

GRAFITTI : LO BUENO QUE TIENE ESTO,
ES LO MALO QUE SE ESTÁ PONIENDO.
Abajo Fidel !

-¿ Por qué las bicicletas cubanas no tienen pedales ?

-Chico,pues porque en Cuba todo está de bajada...

-¿En qué se parecen los alimentos a Dios ?

-En que siempre hablan de él pero no se le ve jamás.

Cuando la UJC cumplió 31 años de existencia, popularizó un slogan que decía : "31 y palante!", al que alguna mano maliciosa añadió: "32 sin el Comandante" y "33 hablando inglés"...

Nuestra democracia cubana ha demostrado en menos de 35 años que NO cualquier tonto puede dirigir un estado socialista.

-¿En qué tú te basas para decir que en Cuba vivimos bien ?
-Hombre, pues porque leo Bohemia y Granma...

CELIA SANCHEZ

CUBA DEDICÓ UN SELLO POSTAL A LA SECRETARIA (?) DEL COMANDANTE. NINGÚN OTRO PAÍS LO HA HECHO NUNCA.

70 ANIV. DEL NATALICIO DE CELIA SANCHEZ MANDULEY

¿Entrevista

AL PARTIDO LO QUE ES DEL PARTIDO Y A DIOS LO QUE ES DE DIOS

Soneto que circula clandestinamente:

La yuca, que venía de Lituania;
el mango, dulce fruto de Cracovia;
el ñame, que es oriundo de Varsovia
y el café, que se siembra en Alemania.

La malanga amarilla de Rumania,
El boniato moldavo y su textura;
de Siberia el mamey con su dulzura
y el verde plátano que se cultiva en Ucrania.

Todo eso falta y no por culpa nuestra
Para cumplir el plan alimentario
se libera la batalla, ruda, intensa,
y ya se advierte la primera muestra,
de que se hace el esfuerzo necesario:
hay comida en la tele y en la prensa.

En Cuba la única posibilidad de hacer humor critico, es la que hemos mostrado: el humor hablado de la gente.

En los órganos llamados "humoristicos", la censura no permite nada "crítico" hacia el sistema, únicamente en abstracto y sobre la "burocracia". El ejemplo que damos a continuación bastará para que el lector se dé color de cómo se comporta el estado con los humoristas. El semanario Dedeté publicó el fragmento que se reproduce..y recibió la indignada respuesta que reproducimos.

El Ministro del Comercio Interior

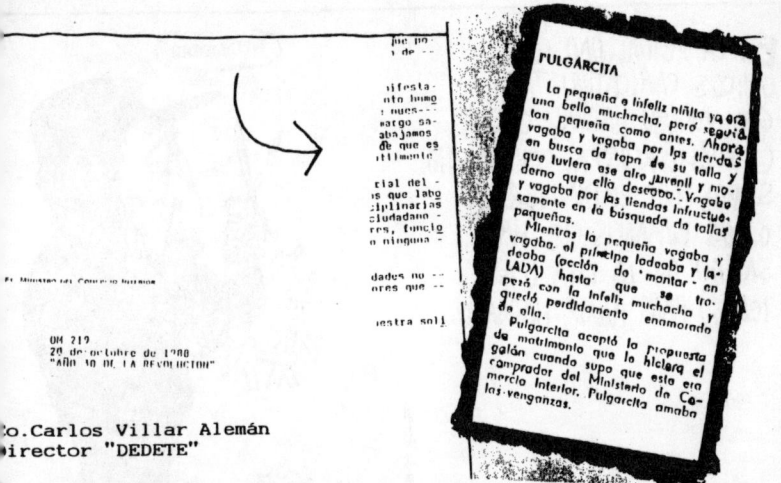

DM 219
20 de octubre de 1988
"AÑO 30 DE LA REVOLUCION"

PULGARCITA

La pequeña e infeliz niñita ya era una bella muchacha, pero seguía tan pequeña como antes. Ahora vagaba y vagaba por las tiendas en busca de ropa de su talla y que tuviera ese aire juvenil y moderno que ella deseaba. Vagaba y vagaba por las tiendas infructuosamente en la búsqueda de tallas pequeñas.

Mientras la pequeña vagaba y vagaba, el príncipe ladeaba y ladeaba (acción de 'montar' en LADA) hasta que se tropezó con la infeliz muchacha y quedó perdidamente enamorado de ella.

Pulgarcita aceptó la propuesta de matrimonio que le hiciera el galán cuando supo que este era comprador del Ministerio de Comercio Interior. Pulgarcita amaba las venganzas.

o.Carlos Villar Alemán
irector "DEDETE"

stimado compañero:

n el número 65 correspondiente al mes de septiembre de esa publi-
ación aparece en la sección "Divertimentos" que firma Bivaldo Baci-
o de la Lloval,un "chiste" denominado "Pulgarcita",el cual con-
ideramos por la forma en que está escrita y la alusión directa a
n Organismo del Estado,es este caso el Ministerio del Comercio
nterior,como una total falta de respeto que no puede quedar sin
na enérgica respuesta por nuestra parte.

De todos los periodistas que atienden nuestro Sector es conocida
uestra disposición total de aceptar las críticas,no importa
uién nos las haga,siempre que ella sea formulada dentro de los
rincipios morales y revolucionarios de nuestra sociedad,pues ella
s la ayuda más valiosa que podemos tener los que hemos recibido
a delicada misión de servir a nuestro pueblo.

Sin embargo,tenemos que ser intransigentes ante manifestaciones
e este tipo,que basados en un dudoso talento humorístico,son ca-
aces de cubrir un espacio de uno de nuestros órganos de prensa
ás populares,dejando el amargo sabor de una abierta ofensa a la
oral de los que trabajamos en este Ministerio y lo que es peor,la
ensación de que estamos ante algo cuyo contenido tiene un mensa-
e sutilmente contrarrevolucionario.

Como estamos seguros de que esa no es la línea editorial del
EDETE,solicito de usted y en nombre de todos los que laboramos
n este Organismo,se tomen las medidas disciplinarias enérgicas
ue este caso requiere,dado que este ciudadano pone en duda la ac-
itud moral de los trabajadores,funcionarios y dirigentes de este
inisterio y que bajo ninguna circunstancia aceptamos.

Igualmente consideramos que existen responsabilidades no sólo
el periodista en cuestión sino de los factores que aprueban esas publicaciones. Agradezco a usted nos informe el resultado de
uestra solicitud en el menor tiempo posible. Con saludos revolucionarios,

MANUEL VILA SOSA

En la actualidad, los únicos caricaturistas que pueden hacerle chistes (y publicarlos) al comandante, somos los extranjeros.. o los cubanos que han salido de la isla (casi todos) para poder hacerlo...

TUTTI CONTENTI
Ilustración de Rocha

K. MARX
LENIN
STALIN
© GALLEGO & REY; DIARIO 16 (Spain)

Este libro contiene algunas de esas caricaturas y agradezco a los colegas me hayan permitido su utilización.
La única caricatura que se publicó en Cuba sobre Fidel, apareció en el Dedeté en 1987. Su autor, Ajubel, vive hoy en España...

(FIDEL LUCHANDO CONTRA LA BUROCRACIA)

← LA CARICATURA (APROBADA POR QUIÉN SABE CUÁNTOS MINISTERIOS Y POR EL PROPIO FIDEL). FUE RETIRADA DE LA CIRCULACIÓN CASI INMEDIATAMENTE. AL DARSE CUENTA ALGUIEN QUE TAMBIÉN MOSTRABA LA DESTRUCCIÓN DEL PAÍS AL PASO DEL COMANDANTE...
no importa: la historia me absolverá.
35 AÑOS LE BASTARON A CASTRO PARA CONVERTIR A CUBA EN UN PAÍS ENDEUDADO, DESORGANIZADO, CORRUPTO, EN QUIEBRA, DESANIMADO, DESHABITADO, SIN FUTURO, DEPENDIENTE DE SU VOLUNTAD Y CAPRICHOS, Y DONDE EL VERDE OLIVO DE LA ESPERANZA HA SIDO SUSTITUIDO -OTRA VEZ- POR EL VERDE DÓLAR...
¿ entonces la Historia no me absolverá ?

AZÚCAR CUBANO
HEY, MUCHACHO, HOW ABOUT SOME SUGAR FOR THAT, HUH?
HACHFELD

AL PARECER, LA ÚLTIMA SOLUCIÓN QUE SE LE HA OCURRIDO AL COMANDANT ES SEGUIR EL CAMINO CHINO: APERTURA EN LO ECONÓMICO Y CERRAZÓN EN LO POLÍTICO (EL APLAUSO A LA MASACRE DE TIEN AN MEN RESULTÓ MUY SIGNIFICATIVO..), VOLVIENDO OTRA VEZ AL ODIADO CAPITALISMO Y A LAS INVERSIONES EXTRANJERAS (COMO EN 1959, CHICO..)

Manta

ÉNFASIS EN EL TURISMO Y LA BIOTECNOLOGÍA (DE LA QUE SE DERIVAN FÁCILMENTE ARMAS BIOLÓGICAS Y BACTERIOLÓGICAS) Y FACILIDADES A LOS DESCONTENTOS...PARA QUE SE VAYAN...

→ En esa triste realidad está terminando el sueño del "Primer Territorio Libre de América"!.. ¡Lástima de Cuba!

NOV. DE 93

bibliografía

КУБА

LA BATALLA DE CUBA / Fernando Benítez / ERA / México 1960 (con FISONOMÍA DE CUBA / E. Glez. Pedrero

CUBA SÍ, YANQUIS NO / Mario Gill / Edición del autor / México 1961

CUBA NO ES UNA ISLA / SOL ARGUEDAS / Edit. ERA / México 1961

LA SIERRA Y EL LLANO / Varios / CASA DE LAS AMÉRICAS / La Habana 1961

ESCUCHA, YANQUI / C. Wright Mills / FONDO de CULTURA ECONÓMICA / México 1961

CUBA, ISLA PROFÉTICA / Waldo Frank / LOSADA / Buenos Aires 1961

LOS FUNDAMENTOS DEL SOCIALISMO EN CUBA / Blas Roca / EDIC. POPULARES / La Habana, 1961

SARTRE ON CUBA / Jean Paul Sartre / BALLANTINE / New York 1961

CUBA, EL 1er SATÉLITE SOVIÉTICO EN AMÉRICA / Daniel James / LIBREROS MEX. UNIDOS / México 1962

FIDEL CASTRO Y CIA. S.A. / Manuel Urrutia / EDIT. HERDER / Barcelona 1963

PAREDÓN / Luis Conte Agüero / COLONIAL PRESS / Miami 1962

MI EXPERIENCIA CUBANA / Ezequiel Mtez. Estrada / EL SIGLO ILUSTRADO / Montevideo 1965

CASTRISMO: TEORÍA Y PRÁCTICA / Theodore Draper / F. PRAEGER / Nueva York 1965

CUBA. EL LIBRO DE LOS DOCE / Carlos Franqui / ERA / México 1966

FIDEL CASTRO / PRO Y CONTRA / Alberto Baini / MONDADORI / Milano 1973

THE CUBAN REVOLUTION / Hugh Thomas / Harper & Row / New York, 1971

PERSONA NON GRATA / Jorge Edwards / Plaza & Janés / Barcelona 1973

GUERRILLAS IN POWER / K.S. Karol / HILL AND WANG / New York 1970

EN CUBA / Ernesto Cardenal / ERA / México 1977

LA ECONOMÍA CUBANA EN LOS 1eros AÑOS... / Juan F. Noyola / SIGLO XXI / México 1978

VIVIENDO LA REVOLUCIÓN - 4 HOMBRES / Oscar Lewis / MORTIZ 1980

FIDEL CASTRO Y LA REVOLUCIÓN CUBANA / Carlos Alberto Montaner / PLAZA & JANÉS / Barcelona 1983

CUBA: LOS PROTAGONISTAS DE UN NUEVO PODER / Martha Harnecker / Edit. Ciencias Sociales / La Habana 1979

THE UNSUSPECTED REVOLUTION / Mario Llerena / CORNELL U. PRESS / London 1978

CUBA EN ÁFRICA / Carmelo Mesa Lago / KOSMOS / Panamá 1982

LA MALA MEMORIA / Heberto Padilla / KOSMOS / Panamá 1992

VIAJE A CUBA / Vicente Leñero / FONDO DE CULTURA ECONÓMICA / México 1974

HISTORIA HERÉTICA DE LA REVOLUCIÓN FIDELISTA / Servando Glez. / ed. EL GATO TUERTO / S. Francisco 1986 U.S.A.

SIGUE (UF) BIBLIOGRAFÍA

FIN DE SIECLE À LA HAVANE / Rosenthal-Fogel / EDITIONS DU SEUIL / Paris, 1993

VIDA AVENTURAS Y DESASTRES DE UN HOMBRE LLAMADO CASTRO / Carlos Franqui / PLANETA / Barcelona 1988

CUBA, ENTRE EL SILENCIO Y LA UTOPÍA / Alfonso Comín / LAIA / Barcelona 1979

CUBA AND THE REVOLUTIONARY MYTH / C. Fred Judson / WESTVIEW REPLICA / Boulder. Co. 1984

1984: CARTA A FIDEL CASTRO / Fernando Arrabal / DIANA / México 1984

FIDEL Y LA RELIGIÓN / Conversaciones con Frei Betto / Publ. del Consejo de Edo. / La Habana 1985

CONTRA TODA ESPERANZA / Armando Valladares / KOSMOS EDIT. / Panamá 1985

OBSERVANDO / Servando González / EDIC. EL GATO TUERTO / San Francisco 1986

QUEJAS CONTRA BUROCRATISMO / Benigno P. Castellanos / EDIT. POLÍTICA / La Habana 1988

UN ENCUENTRO CON FIDEL / Gianni Miná / Publ. del Consejo de Estado / La Habana 1988

EL PATRIARCA DE LAS GUERRILLAS / Georgie Anne Geyer / KOSMOS / Panamá 1991

FIDEL: UN RETRATO CRÍTICO / Tad Szulc / GRIJALBO / Barcelona 1986

ROJO Y NARANJA SOBRE ROJO / Nedda G. de Anhalt / VUELTA / México 1991

LA HORA FINAL DE CASTRO / Andrés Oppenheimer / VERGARA / Buenos Aires 1992

MEA CUBA / Guillermo Cabrera Infante / EDIT. VUELTA / México 1993

THE $ELLING OF FIDEL CASTRO / The media and the Cuban Revolution / W.E. Ratliff / TRANSACTION / New Jersey 1986

PROA A LA LIBERTAD / Gral. Rafael del Pino / PLANETA / México 1990

LA REVOLUCIÓN CUBANA / Escritos y discursos de Fidel Castro / PALESTRA / Buenos Aires, 1960

FIDEL / Gianni Miná / EDIVISIÓN / MÉXICO 1991

CÓMO EL KREMLIN SE APODERÓ DE CUBA / Monahan & Gilmore / DIANA / MÉXICO 1963

SITIADA LA ESPERANZA / Nicanor León Cotayo / CULTURA POPULAR / La Habana 1991

LA ISLA / Fernando Morais / NUEVA IMAGEN / México 1978

CUBA, ECONOMÍA Y PODER / Alberto Recarte / ALIANZA UNIV. / Madrid 1980

CUBA, CAMINO ABIERTO / Barkin & ot. / SIGLO XXI / México 1973

UN GRANO DE MAÍZ / Tomás Borge / F.C. Econ. / México 1992

CUBA, Z-DA. / Lisandro Otero / EDICIONES R / La Habana 1960

CUBA Y LOS ESTADOS UNIDOS / Paul D. Bethel / JUVENTUD / Barcelona 1962

THE CUBAN ECONOMY IN THE 1980's / Mesa-Lago / WESTVIEW / Boulder 88

EL JOVEN FIDEL / Lionel Martin / GRIJALBO / Barcelona 1982

REVISTAS Y PERIÓDICOS → La Jornada Semanal / Cambio 16 / Nacla / Bohemia / Caribbean Studies / Desarrollo económico / Granma / Prisma

Castrosaurus
Habitat: Cuba

JEFF KOTERBA
Courtesy Omaha World-Herald

CARICATURISTAS QUE APARECEN EN EL LIBRO

AB-México
ADIGIO-Cuba +
AHUMADA-México
AISLIN-Canadá
AJUBEL-Cuba (exilio)
ARIAS BERNAL-México +
ARISTIDE-Cuba (exilio)
ARROYITO-Cuba (exilio)
ASAY-USA

BACHS-Cuba
BAGLEY-USA
BARTOLI-España
BLANCO-Cuba
BASSET-USA

CARLUCHO-Cuba
COBB-Australia
CURTISS-USA
CHAGO-Cuba
DE LA TORRIENTE-Cuba +

ENGLEHART-USA
FETHI-Turquía
FLORA-Austria
FOOTE-USA
FREMEZ-Cuba (exilio)
FREYRE-México

GALLEGO & REY-España
GARNER-USA
GUERRERO-Cuba +
GUJJIAR-India

HACHFELD-Alemania
HELGUERA-México
HELIOFLORES-México
IRONIMUS-Austria
JUHL-Dinamarca

Courtesy Albuquerque Journal
TAKE HER DOWN, MR. GORBACHEV!
CUBA
SOVIET AID

LEVINE - USA
LEYDEN - USA
LILLO - Cuba (exilio)
LUIS FERNANDO - México
LURIE - Israel

MAGÚ - México
MANUEL - Cuba
McPHERSON - Canadá
MANTA - Portugal
MITROPOULOS - Grecia
MOULINIER - Francia

NARANJO - México
NUEZ - Cuba (exilio)
ÑICO - Cuba
NO-RIO - Japón

ORTUÑO - España
OSKI - Argentina +

PACO - Uruguay
PANCHO - Uruguay
PECRUZ - Cuba
PEDRO - Cuba
POSADA - Cuba (exilio)

RAMÓN - México
ROCHA - México
RUBEN - México

SAINER - USA
SERVANDO - Cuba (exilio)
SINE - Francia

TIM - Francia
TOMY - Cuba
TREVER - USA
TURNER - Irlanda
VIRGILIO - Cuba
WELLS - USA
WILSON - Cuba

A TODOS ELLOS MI MAYOR AGRADECIMIENTO. El Autor.

CUBA
I AM SICK AND TIRED OF DEPENDING ON SOVIET SCRAPS TO RUN THIS COUNTRY... WHAT DID THEY SEND US NOW?
LENIN'S TOMB.
DAN FOOTE
Courtesy Dallas Times Herald

QUICKLY, FIDEL!! YOU MUST MAKE YOUR GETAWAY! THE REPO MAN IS COMING!.
CUBA MARXISM

Lástima de Cuba, de Eduardo del Río (Rius)
se terminó de imprimir en mayo de 2010 en
Litográfica Ingramex, S.A. de C.V.
Centeno 162-1, Col. Granjas Esmeralda,
México, D.F.